金冲及

乔冠华 谈周恩来和新中国外交

生活·讀書·新知 三联书店

Copyright © 2024 by SDX Joint Publishing Company.
All Rights Reserved.
本作品版权由生活·读书·新知三联书店所有。
未经许可，不得翻印。

图书在版编目（CIP）数据

乔冠华谈周恩来和新中国外交 / 金冲及记录整理 . 北京：生活·读书·新知三联书店 , 2024.7. -- ISBN 978-7-108-07872-8

Ⅰ . K827=7; D829

中国国家版本馆 CIP 数据核字第 20240NQ335 号

责任编辑	唐明星
装帧设计	康　健
责任校对	曹忠苓　陈　格
责任印制	李思佳
出版发行	生活·讀書·新知 三联书店
	（北京市东城区美术馆东街 22 号 100010）
网　　址	www.sdxjpc.com
经　　销	新华书店
印　　刷	河北松源印刷有限公司
版　　次	2024 年 7 月北京第 1 版
	2024 年 7 月北京第 1 次印刷
开　　本	787 毫米 × 1092 毫米　1/32　印张 5.5
字　　数	66 千字　图 12 幅
印　　数	0,001 - 8,000 册
定　　价	59.00 元

（印装查询：01064002715；邮购查询：01084010542）

外交家周恩来

1973年1月的周恩来

1955年4月,周恩来率领中国代表团出席在印度尼西亚召开的万隆会议。这是会议期间的周恩来

1954年4月，周恩来率领中国政府代表团出席日内瓦会议。这是4月24日他抵达日内瓦时的情景

1954年6月下旬,周恩来应邀访问印度、缅甸期间,分别与两国总理积极倡导和平共处五项原则。这是他同印度总统普拉沙德(右一)、副总统拉达克里希南(右三)、总理尼赫鲁的合影

1954年6月,周恩来访问印度和缅甸,分别同两国总理发表联合声明,共同倡导著名的和平共处五项原则。图为印度总理尼赫鲁在机场迎接周恩来。右二为乔冠华

1960年年初,周恩来和陈毅在钓鱼台中央写作班子驻地与工作人员的合影。前排左二为乔冠华

1972年2月,周恩来在机场迎接美国总统尼克松。尼克松是美国有史以来第一位出访未建交国家的总统

1972年2月,周恩来与来华访问的美国总统尼克松小范围会谈现场。会谈后签署中美《上海公报》,打开了中美关系的大门。右一为乔冠华

1972年9月,周恩来和来华访问的日本内阁总理大臣田中角荣会谈

1973年9月,周恩来在机场迎接法国总统蓬皮杜

1975年9月,周恩来在医院会见罗马尼亚党政代表团团长维尔德茨。这是他生前最后一次会见外宾

目 录

乔冠华谈周恩来和新中国外交工作

朝鲜停战谈判　*3*

日内瓦会议和万隆会议　*19*

1955—1965年对外关系的重大变化　*44*

1966—1969年的外交工作　*62*

1969—1976年中美苏关系　*76*

1972—1974年尼克松访华和《中美联合公报》　*94*

再谈总理和建国初的外交工作　*105*

《周恩来外交文选》选载

新中国的外交　*123*

美军如越过三八线，我们要管　132

和平共处五项原则　136

在亚非会议全体会议上的补充发言　138

关于中国对美国政策的四句话　145

跋　一个不完整的注释　乔宗淮　147

整理后记　153

乔冠华谈周恩来和新中国外交工作

朝鲜停战谈判

时间：1981年6月3日
地点：北京史家胡同51号

抗美援朝停战谈判，从头到尾都参加的就是我们两个：我和李克农。事情过去已比较久远，同时，我现在没有可能翻看一些必要的文件档案，甚至公开材料，只能凭记忆，把周总理在抗美援朝和停战谈判中的重要事迹、总理的领导和在这次斗争中的贡献说一说，带有印象派的。如果有机会能看些材料、来往电报，还会发现更多其他有价值的东西。

大家知道，抗美援朝这件事可以说是解放以后最重大的政治斗争，也是最重大的军事斗争。可以这么说，美国对朝鲜的干涉战争，某种程度上有点像十月革命以后西方帝国主义干涉苏联一样，也多少是对中国革命的干涉战争，程度不一样，性质和方向一样。为什么说这个话？因为我个人看来，多少有这样的议论：朝鲜战争可以不参加。这是脱离实际的。当然，今天不能多说，因为牵涉面很广，可以说抗美援朝这件事，决定了、影响了今后几十年的外交态势。中国革命的态势，大家都较清楚。现在先回到抗美援朝这个主题来，总理在抗美援朝和停战谈判中的领导作用、做出的贡献，分几个方面来讲：第一个时期是朝鲜战争爆发以后至志愿军入朝以前，大体上从1950年6月到1950年10月。第二个时期是入朝以后，特别是停战谈判开始以后，从1952年7月到1953年7月。总理经常说：我们在朝鲜打了三年，谈了两年。从1950年6月，到1953年7月，整整三年。志愿军1958年才撤回（1953年停战，1958年撤回）。

朝鲜战争打起来以后，大家了解这情况，叫打过去，然后美国又把朝鲜军打过来。1950年6月到10月是这情况。美国和南朝鲜打到三八线时，这情况对我们说来就比较严重了。恐怕许多同志都知道，但对当时具体情况恐怕不那么了解。现在外交上有个口号叫"不能置之不理"。这句话谁第一个讲的？总理。这句话也可以说，某种意义上代表了中国对外斗争的风格。我们对外常讲：中国说话是算数的。这话从历史来讲，是总理第一个讲的。

美国人打到三八线，总理通过印度驻华大使潘尼迦带一个消息给美国人，警告美国：你们如果继续往前，往中国边境打，中国不能置之不理的。大概的时间，我记得在仁川登陆后。美军登陆大约是9月中，总理说这话该是9月底、9月与10月间。这件事很重要。军事斗争是政治斗争的延长。我们事先向美国发出警告，打招呼：你胡来要惹祸。潘尼迦如实地把这话传到美国去。当时美国总统是杜鲁门，美军远东司令是麦克阿瑟，国务卿是艾奇逊。但是当时美国利令智昏，在军事上很得势，对情况做了错误的估计。他们以为：中国刚解放，西藏还没有解放，中国有什么力量，有什么本事，能与美国打？所以根本不理。

美军过了三八线后就长驱直入。10月份，我们就发起了抗美援朝。这时,世界上许多中间国家,亚洲的、非洲的,包括西欧的、拉美的,都觉得中国人是打了招呼的,是你美国闯了这乱子。总理这外交行动就起了很大的瓦解敌人、争取中间力量的作用。在全世界树立了中国人讲话不是耍外交,说了要算数的形象。所以这件事,这个重大外交行动所起的作用,影响很大很深远。以后我国经历的对外斗争,一直到70年代我们与美国重新建立外交关系时,我们中国人说话算话这种威信、这种声望还是很大的。不妨看看美国人写的关于中国的回忆录,他们都承认这一点、这一风格。中国的新外交风格,是通过总理树立起来的,在全世界起了很大的作用。我们搞外交的比较清楚,有些同志,不搞这工作的,可能不大清楚它的来龙去脉。

从中国看,一面与美国打了一场仗,另一方面就争取派代表到当时的联合国安理会控诉美国干涉朝鲜,侵占台湾。这工作也是由总理直接地、具体地领导的。大约在1950年6月25日,朝鲜战争打响。27

日，杜鲁门发表声明，一是派兵到朝鲜，一是宣布台湾要脱离中国，派第七舰队到台湾海峡巡逻。美国人打到三八线时，中国一面打招呼，一面就派人到安理会控诉美国。总理决定由伍修权和我以及其他同志去控诉美国。这个发言当时影响很大。发言稿是总理亲自审定、中央通过的。我们到联合国是11月底，二十几日。我记得那天到纽约，麦克阿瑟正在吹牛，根本不把中国人放在眼里，说圣诞节战争可以结束。所以我们去，人们很好奇：中国和美国当时对立得很厉害，会讲什么？但到了12月初，打了入朝后第一仗，从新义州一直打到清川江。就我来讲，感到这是中国人的光荣，真是抬起头来了。你没本领，人家不会尊重你的。所以我们就讲道理，控诉美国，和朝鲜战场取得的胜利两者一配合，就把中国的威望与影响极大地提高了。举个小的例子，英国人派头很大的，这次就登门求教了：你们中国朋友是否考虑朝鲜停战？这是缓兵之计！这怎么可能？

这件事，是对美战争的策略与领导。当然在中央,主席是总的决定者,但具体的执行、实施,对外工作定一个大的轮廓,每一战术步骤都要经过很周密的考虑。你说总理是抗美援朝的"总参谋长",这有道理,是这样的。

战争,我讲不出具体内容,你们问问当时志愿军司令部的同志,他们会讲。在外交斗争中,总理的确从大到小都管的。因为我后来参加了停战谈判,所以同志愿军司令部同志接触很多。他们对战争中军事上总理的指挥、总理的领导说得很清楚。初期解方是志愿军参谋长,从头到尾是解方。司令员是彭德怀,副司令员是邓华,参谋长是解方。每天的报告,要中央指示,站在第一线处理的是总理,大的事与中央商量。人家说志愿军包括团一级的单位,总理都了如指掌。哪个部队在何处,哪个山头如何,哪个部队首长的脾气如何,他都清楚。我1951年才去,所以这方面的情况我觉得要找些老同志谈谈,在军队中这是公开的秘密。总理在志愿军中威信高极了,接触多,所有事都请示他,他也熟悉,也不辞辛苦,大小事都问他。我们的党是打仗打起来的，总理这个"参谋长"做了多少年，这时还是主持日常工作的中央军委副主席。从1950年10月入朝到1951年6月、7月谈判开始，打了五大战役。前线指挥是彭老总，在中央来讲具体负责的是总理。现在彭老总去世，邓华也不在了，解方最清楚。

这半年最紧张，到1951年1月打下汉城，国内高兴得很，后来又撤回了，中央觉得再往前推在后方经济上有些困难，对外也有些影响要考虑。1951年春，从汉城慢慢退回，退回到开城、三八线。这是我要讲的一部分，在抗美援朝初期，外交斗争中总理做出了卓越的贡献，在军事斗争中也是这样。

下面，接着谈谈停战谈判。

这个谈判，一共谈了两年。朝鲜战争的第一年，先是北方向南一直冲到釜山一带，后来美国反攻到鸭绿江边。志愿军进去冲了一下，后来又退到三八线，顶住。这时已出现了僵持的形势。大家知道，三八线就是美国和苏联在朝鲜向日本受降的分界线。到

1951年的6月底，已过了一年，由苏联代表马立克出面，在联合国会议上，作了一个广播谈话，提出朝鲜战争双方停火休战，脱离三八线。这讲话后，美国驻朝鲜的司令李奇微马上写信给两个司令员金日成、彭德怀，同意举行谈判。金首相、彭总，我们方面同意，这是停战谈判的开始。

大概7月初，总理找李克农和我去。很突然，我个人没有想到问题发展得那么快。他说：你们准备一下，今天一天，明天坐火车到安东，接下来到开城，到平壤见金日成首相，准备谈判。我们问毛主席准备去多久？他说：三五星期就够了。主席的领导风格也很值得回忆。他说：有一篇赞成停战谈判的文章，你改一下。今天你别的不干，社论改好，明天一早走。所谓社论，无非是讲我们的政治主张。他说："你翻书，先要掌握这些"，"请你们吃顿饭，喝杯酒"。晚上我把社论稿写好了，7月初在《人民日报》登了，叫《为和平解决朝鲜问题而奋斗》。当时估计，这谈判是容易的。李奇微赞成停火。主席这话也有根据。

总理赞成。总理对主席非常尊重,通常都是支持主席的。我第二天就只带了个小箱子,外衣也没带,只有两件衬衫,两条裤子。总理交代得很细。我的感想:主席是总的战略部署,具体的实施执行是总理来抓。主席说,你把社论写好,把中央的政策搞清楚,然后做个大的估计。具体的由总理谈。

第二天,我和李克农带了些必要的工作日志去。开城这时正战火纷飞,我们当晚到了安东。高岗在安东等着,还有些后勤问题要东北接济。美机就在头上飞。它照明弹一来,就完全掌握空中优势。我们从安东过江,几架飞机就飞来。我们入朝时很辛苦,说起来很感动,晚上看着路上的白光走,飞机一来就停下,照明弹国内没有。

入朝后,走路主要靠晚上,白天不安全。晚上不能开灯的。在开头的1951年,一有情况,车要停下。从安东到平壤,再到开城就开始谈判。从平壤到开城走大路,经常要遭轰炸的。从平壤到开城去几部车,车上覆盖了白旗,像红十字会那样,表示你不要轰炸。他们从汉城出发，几辆车也挂白旗。我们到开城后，开始与对方接触。他们提出：开城说是在三八线上，实际上是我方地区。美军来要经过很长一段路，我们负责。当时没意识到这个问题。第一个谈判就在开城。他们先到临津江，过板门店到开城，有十几里。当时双方都愿意谈判，就把这个问题提出来了。

谈判开始后，7月初，出乎意料之外，问题就发生了。我们提出很简单的几条：一、停火；二、以三八线为界；三、释放战俘，三八线划为非军事区，就完了。这样一个估计，以为对方不会有很大的不同意见。因为双方已有谅解：马立克提出双方撤离三八线，李奇微也肯定这一点，中国提出这一点还有什么问题？但美国马上提出不行，说三八线只反映了陆军力量对比，没反映美国在海、空军的力量优势。我们没有想到，马上报告中央，不能同意。总理很快指出，要坚决打掉这荒谬主张。谈判一开始就遇到障碍。

7月、8月，原来对方已同意开城是停战谈判地点，是中立区，不来轰炸的。可是，谈判碰到美国阻挠后，美方经常来到开城进行骚扰，一直发展到9月份轰炸代表团驻地了，主要是中国代表团的驻地。

我们原来以为问题搞清了，谈判可以结束了。美国提出在开城谈判不便。我们便建议在双方交界处划一地点，双方不进入对方地区。很快就看出：美国为什么要轰炸？因为他是大国，尽管在朝鲜受到挫折，但不愿他们的代表到你们这里来，向你们低头。这一点向总理在电话上讲了。后来回北京时，总理当面讲：当时我就有点担心这事，他到开城来，他干不干？现在他果真反悔了，我们采取有理、有利、有节的方针，一面弄清是非，一方面又恢复谈判。从1951年年底起，将地点从开城改为板门店。总理指示的方针，这是比较小的事，但对外往往小事处理不好会影响大事。这是开始谈判时遇到的问题。

1951年年底到1952年，整个谈判处于僵持状态。一句话，美国人仍不服气。与此同时，战争没有停止，运动战结束了，僵持局面下志愿军不断给对方打击，使他们的死伤积累得越来越严重。很多人以为战线没移动，没什么文章。真正使美国人低头的，是停战谈判没有达成最终协议，不停息地给以重创。这点很重要。越南战争时主要靠这样做，终于把美国人挤走了。

停战谈判又发生了新的问题：战俘问题。这最初没想到，志愿军战俘的很大一部分，蒋介石将他们拐走，去台湾了。这问题成为和对方争吵得很厉害的问题。但这些还不是根本问题，根本问题是美国人不甘心。他没办法了，又不甘心。1952年冬，美国内部也争论不决。这时美国要竞选总统了。第二年，艾森豪威尔当总统。美国方面提出停止停战谈判。中央的方针相当坚决。我们主张说：你不停战，我们奉陪。这时朝鲜战场局势还很紧张。美国方面、志愿军方面都很紧张。美国有一派主张在中国志愿军的后方登陆，在元山、西海岸登陆。这对我们是很大的问题，谈判也停了。我们做最坏的打算，但还是争取谈判解决。总理讲了几次：要打，陪你打到底；要谈，不能比我们高一等，强加于我；如果这样，不行。我们谈判代表团到北京休整。

1952年年底，艾森豪威尔当权，杜鲁门下去。艾森豪威尔当选后，他们又采取了一个方针。当时美国人在朝鲜死伤很大，准备停战了。1952年年底1953年年初，总理对我们说：战场上得不到的，谈判桌上也得不到。只要美国不甘心失败，他不会同意你的。这年2月，开头是总理要我们回来的同志先谈谈看法。当时美国的军方传闻：停战谈判先谈病伤俘交换问题。总理问我们意见，我们觉得这谈判既是美国主动停的，那么，也应由他主动恢复，我们一动不如一静，看他如何做。到1953年3月底，整个形势中发生了一个新的变化：斯大林去世。新上台的赫鲁晓夫当时也主张朝鲜问题快一点和平解决好。所以出现了两个因素：美国新总统上台，采取新的方针；这面，斯大林去世，名义上马林科夫当总书记，实际上是赫鲁晓夫，真正的活跃分子是他，他的意见作为苏共中央的意见。

斯大林去世了，赫鲁晓夫主张朝鲜战争赶快停下来，我们党中央也同意这意见。到4月份，美国方面正式提出，双方先交换病伤战俘，同时恢复停战谈判。4月上旬，我们谈判团很快回去了。当然，根本的原因是战场上给了美国打击。尽管如此，从4月恢复谈判到签字，还过了3个月。有一场很有名的金城战役，打垮了李承晚的首都师，还有几个精锐师，局势才急转直下。

谈判的指导工作，从总理办公室的电话直通代表团。一般情况下不需要打电话就不打，紧张时需要临时请示就打，是专用线，别人不能收听，是苏联帮助搞的，整个停战谈判中随时可以通话。有时发生情况，总理床头上也可以通。所有电讯，每天一份谈判情况、美军动向、美国记者反应，我们的意见要给毛泽东、金日成、彭德怀的，这些电报都先到总理那儿，总理直接处理。重大问题拿到中央请示主席和常委，日常工作由总理直接处理。总理说话总是提纲挈领,几句话就完。具体杂事,那就不胜其烦。战争要停下来,事情很多。我们管停战的有几个人、几个委员会:中立国监察委员会、军事停战委员会……对方经常发生违反协定的事件,要调查。特别是谈判结束时,7月后,每天晚上总理都要工作到早上才睡觉。我们一般在他睡前给他打电话。有些事在文字上写不清楚,就在电话上报告,大小事都得请示总理。他照顾主席,一般的事他办了,事后送主席看。从战争一下转至和平,事情多,头绪也多,总管家是总理。总理处理这些事,非常尊重金首相。

27日(1953年7月),双方在停战协定上签字结束。原来打算在26日签字,一签字后双方都不能动了。军队都力求在停战前取得最大的成果。前方都按这部署。忽然对方提出要推迟一天,我们也还有工作没有准备好,双方都有这打算。这时天已快亮,事情要拍板,彭总到开城去了,这电话由我管,总理那么辛苦,刚睡了。但这事授权有限,彭总在也不能做主。杨尚昆同志接电话。我说事情很重要,不请示总理没法办，我是万不得已才找。总理这时常一天睡很少，几个小时都不到，刚睡下又被叫起。但这涉及中朝双方几十万军队的行动，只有把总理叫起，请示他。他同意了，马上发出一系列指示（26日凌晨发）。举这样一个例子，这些事不好麻烦主席，这是工作上的问题，不是战略上的问题。

朝鲜战争打了三年，谈了两年，确实无论战场上还是谈判工作中，和总理的心血与操劳分不开。这些工作，事情做成了，人们看外表看不出来。我讲的只是记忆中比较突出的。我们在停战后还待了一年，1954年才回国，日内瓦会议时才回来。我讲的只是个轮廓，总理的事情很多，正因为太多了，只记得突出些的事。

日内瓦会议和万隆会议

时间：1981年6月21日
地点：北京史家胡同51号

谈谈1954年日内瓦会议和1955年万隆会议，周总理在这两次会议上的贡献。

先说1954年第一次日内瓦会议。这时候，朝鲜战争刚刚结束了不到一年。这个会议是1954年4月份开会，朝鲜战争在1953年7月结束。当时预定要讨论两个问题：第一个问题，朝鲜是停战了，但是朝鲜的政治问题即和平统一问题没有解决。第二个问题是恢复印度支那和平问题。朝鲜停战了，但印度支那和法国殖民主义者的战争还在继续。

这一次会议可以说是我们建国以来和解放以来第一次重大的国际会议，第一次重大的多边的外交斗争。

我们党在历史上有丰富的统一战线工作经验，其中包括和外国人拉统一战线的经验，但没有正式地参加过这样的国际会议，搞过这样的国际斗争。所以，党中央、毛主席、周总理对参加这次国际会议都非常重视，特别是总理，当时是总理兼外长，这会议规定由各国外长参加。总理对这次会议，从头到尾，从大的方针政策到小的资料准备，再到人事安排、技术准备，他都亲自管。总理一方面要我们大家都重视这场斗争，一方面又提出这是重要的练兵。

尽管建国快五年了，但这样的斗争没搞过，要利用这机会锻炼我们的外事队伍。所以，从这观念出发，总理在组织代表团工作的每个方面都反映这一点：用中央和主席的思想，利用这个机会锻炼队伍，干部凡是和外交工作有关的，一般都参加了代表团。不仅外交部内各有代表，就是外交部以外的外贸部——当时部长是叶季壮，副部长是雷任民，雷也去了。领导班子，外交部有一个部长、四个副部长：总理兼部长；第一副部长张闻天（政治局委员，外交部第一副部长兼驻苏大使）；王稼祥（党内地位记不清了，他先做驻苏大使，回国后由张闻天接任）；李克农；还有一个副部长章汉夫。当时除章汉夫留守北京外，总理和张闻天、王稼祥、李克农几位副部长都参加了这次会议。

讲到这几个人，也与总理练兵的思想有关，可以看出总理是怎样处理这个会议的重大问题的。外交工作授权有限，总理有几十年外交斗争经验，重要的要请示中央外，现场有许多问题决策，总要跟他商量。这么多同志去，还有很重要的一个方面：临时遇到问题，当场必须决定的，有更多同志参与商量。总理这个作风，还是很重要的。外交工作有时看起来似乎也容易：谈谈笑笑，吃吃喝喝。但你代表国家，你说话表态是代表国家的。据我几十年跟总理工作来看，尽管他的统一战线经验在党内是少有的，但他从来没有个人决定过问题。有意见向中央提出，来不及的（在国外时）与同志们商量。中央未做决定前，从不与外国人达成最后协议,这是指广义的。

当时,我们和苏联关系很好,它是"老大哥"。总理不断提醒我们:我们是没有经验的,是学习,向朋友学习,向敌人学习。去,第一站到莫斯科。那时坐三四天飞机,一站一站走。到了莫斯科后,总理找苏共中央、闻天、稼祥他们一起去商量。总理正式安排,请苏联外交部给我们介绍国际外交斗争经验。是葛罗米柯介绍的,他是副部长,部长是莫洛托夫,马林科夫是部长会议主席,赫鲁晓夫是书记。

所有这些,充分学习,向朋友取经,说明总理在对外斗争中的一个基本风度:严格要求。不管什么时代,什么变化,这应该是我们尊重和学习的。

再说这个会,它是我国第一次参加的国际会议。也可以说,是第二次世界大战以后我们参加的最有声有色的一次国际会议。从到会的人就可以看出:苏联是莫洛托夫;英国是艾登;美国是艾森豪威尔的国务卿杜勒斯,他反动归反动,还是一个代表人物,会上少不了这个人;法国外长是皮杜尔,后来是孟戴斯-

弗朗斯。我讲的是几个大国。这可以说是盛会。各种人物的面貌、每个国家的方针可以看得很清楚。

这个会共开了三个月,从4月下旬到7月下旬。大体上分两个阶段:第一阶段,4月下旬到6月中,集中讨论朝鲜问题;6月以后到7月下旬,主要讨论恢复印度支那和平问题。

朝鲜问题,我们这方面是三家:朝鲜为主,代表是南日外相;中国;苏联。他们一边是南朝鲜、美国。当时形势有什么特别的地方?美国打着联合国的旗号,他有16国,两方面共有19家,人多嘴杂,不太好谈。还有个形势:我们方面朝鲜最小,但他是主,志愿军是客,而且我们的关系很好。所以首先要尊重朝鲜。朝鲜问题上总的方针政策,是我们三家经过协商的,但处理具体安排时需要当场决定的,如关系政治解决问题的具体建议,提出具体方案,应该由朝方先提,我们支持。如果我们有些意见,也应先取得朝方意见,最好由他出来提,然后还要与苏联商量,取得苏联同意。会谈时,由朝方讲,苏联、我方支持。或者朝方讲主要部分，中苏提出附加条件。战友中，必须表现出中苏对朝鲜的尊重，不得越俎代庖。

那时，对方有16个，斗争基本在哪里？要在一切会议中最后将美国搞得孤立。这也不容易。他们都是些起哄的家伙。要考虑当时是1954年，美国虽然在朝鲜吃了一个败仗，但仍赫赫不可一世，放个屁都是香的。要把他的追随者拆开，使他孤立，这任务不那么容易的。

从一开始，我们对朝鲜问题的解决前途也估计到了，即中、苏、朝三家估计到这个问题解决不了的。可是真正的知识是在现场才能获得。为什么这样讲？估计到美国和追随者这一帮不会要解决这问题；但美国人这样趾高气扬，这样坏，总理后来说还没有想到。

会议开始后，南日外相提出这个方案：第一，撤退外国军队；第二，自由选举；第三，实现和平统一。（谈这个问题前，先要补充一下：这次会议经过协商，采取两个主席的办法，由苏联和英国轮流当。

这是因为国际上当时分为两个阵营,但许多事又必须在一起工作,从而采取的不得已的做法。办法是:今天苏联当主席,明天英国当,轮流来。)

朝鲜同志讲话后,中苏支持。当然,美国反对。来来往往,也很复杂,也很简单。总之,越来越清楚了:美国人从他那方面讲,不准备做任何妥协。举个例子,他们说:撤兵只有你们撤,我们这面是联合国军,你是造反,我是正统。又说:你撤容易,几百里就到了;我要到太平洋那边,难那样撤。尽是胡搅蛮缠。他们又说:监督,应由联合国监督。我们说成立中立国委员会监督,美国不干。总之,他横下一条心,不想解决什么问题。

从4月下旬到6月中,已很清楚。在这过程中也看出16国并非铁板一块,首先看出英国同它不完全一样,紧跟它走的不是多数,是少数。最后一次会,6月25日,艾登当主席。这次会上,美国策动16国发表一个宣言,跟着就提出会议结束。这时,周总理临时提出动议,首先说这次会开了这么久,主要问题没有达成协议，共同问题很多，不应该给人一点希望也没有就结束。所以中国代表团建议，大意是通过这样一个决议：与会各国继续努力，争取实现朝鲜问题和平统一，至于开会时间，大家再商量。当时美国策动很多人反对。其中一个很有名的比利时外交大臣斯巴克，说：批准停战协议时已有这意思，不用通过这决议。总理问：不大懂比利时外长先生的意思，朝鲜停战时，这会还没有开，怎么可能说已达成此协议？斯巴克一下给打昏了，说：我认为你这意思很好，会虽结束，应该给世界保留希望，同意。总理说：你既然同意，为什么反对做出决议？他狼狈不堪。当时许多记者有详细记载。这都是几分钟的事，很快。斯巴克听美国人的话，自己很孤立。这时美国代表已换，是副国务卿史密斯。他讲的大意是：中国代表这建议的用意，美国并不反对。但我要请示我国政府，才能表示态度，现在不能表示什么态度。可是请示政府，现在时间来不及，因为会议当天要结束。他用这话来掩盖其无理。这就是最后一次朝鲜问题的会议。总理在会上提出最后提案，利用它来分化对方，孤立对方，使对方处于完全无理的地位，是一次光辉的战斗，得到绝大多数人的同情和支持。

今后如果人们要谈到总理在对外斗争中的贡献，关于这场斗争应有比较详尽的叙述。外交如打仗，不将当时具体情况说清楚，人家不大好了解。

到了这个时候，五六月份，已经开始恢复印度支那和平问题的讨论。在谈到印度支那问题时，需要讲点背景：印度支那会议开始前后，有个奠边府战役也在这时发生。这件事实际上成为推动法国人最后不能不达成协议的主要因素。这是一点。其次，当时还有使印度支那问题可以达成协议的情况，是法国新总理孟戴斯－弗朗斯这人还是不错的，与皮杜尔不同。皮杜尔是亲美派。总理和孟戴斯－弗朗斯会谈，很大地推动了印度支那问题的协议。

到了6月中旬，朝鲜问题结束以后，那时在日内瓦已经一个多月了。而且开会的是各国主要负责人（莫洛托夫、艾登等），国内都有事，就做出决定：代表团团长回去,让副团长开会。总理在6月下旬的样子,离开日内瓦回国,顺途访问印度和缅甸。

　　如果说日内瓦会议是新中国第一次参加的重大国际会议,那么,这次访问是第一次到资本主义国家访问。6月份非常热。这次会见,印度总理是尼赫鲁。中央提出和平共处五项原则,作为处理两国关系和一切国家关系的准则的著名公报。这里要讲一下,这思想是马克思列宁主义的根本思想。但形成五项原则,是经过中央、主席通过批准的。这提法是谁先提的?是周总理提的。我没有参加,总理向我亲自讲过不止一次。他是在起草西藏地方与印度贸易协定[1]时提出的设想。协定的前面,中印关系的几条原则,是总理的思想,包括文字。在场的有陈家康,陈家康是亚洲司司长。陈做了记录。总理很民主,要大家提意见。1954年4月签订协定,由章汉夫和印度大使赖嘉文签

---

[1] 指1954年4月29日中国和印度签订的《关于中国西藏地方和印度之间的通商和交通协定》。该协定以首次提出和平共处五项原则而著名。

订的，公开发表过，思想是中央的。总理后来讲过，本来没想到以后在世界上发生这么大的影响。这也可以说是亚非拉人民在第二次世界大战后反对帝国主义和殖民主义的重要武器，不可忽视。原因是：互相尊重主权和领土完整、互不干涉内政、平等互利，容易懂，是大家可接受的，但由我们党提出来，产生这么大的影响，总理起了决定性的作用。所以到印度以后，尽管在朝鲜打了一仗，很多人骂我们，中国、总理威望之高，真是万人空巷。印度落后，群众贫困，有改变现状的激情，很使人感动。我们后来许多迎接外宾的规格，受印度影响。它从机场到宾馆，欢迎队伍有几十里路。

到印度后，先去访尼赫鲁，尊重人家，向他通报了日内瓦会议情况，进一步赢得尼赫鲁的支持，发表了坚持五项原则的公报。后来，苏共一定要强调是它的创造，我们总强调是中印、中缅共同创造的。这不要小看，这是国际斗争中很高明的策略。闹到后来，许多人不知道是中国首先提倡的，以为就是印度的

"潘查希拉"。尼赫鲁在有些地方说是他发明的。只要提这原则,就很好。访问印度后,接着访问缅甸,同样发表公报,也强调和平共处五项原则。后来历史上成为中印、中缅共同创造的原则。我们进一步赢得了两个朋友,也为下一步万隆会议创造了条件,铺平了道路。尼赫鲁早就说过:只要朝鲜战争还没停,他就不来中国访问。这老先生也相当老气横秋。朝鲜战争停了,中国总理首先访问了印度,发表了坚持五项原则的公报。日内瓦会议结束后不久,他就来访华,那是1954年大约9、10月间。

这就是6月中到6月底发生的事。

回国后,中央首先讨论印度支那停战问题。中苏是一致的:越南是主体,要征求他们的意见。总理就在广西柳州请越南同志来。他们以胡志明为首,范文同、武元甲、黄文欢等,在柳州开了会,讨论停不停战,重要的是停战线划在北纬多少度。后来越南也有人说,那是中国强加的,其实不是的。我参加了这次会,个别同志思想不通,哭的也有。但胡老他们一致赞成，因为需要有个根据地才能实现统一。当时河内也不在手里，有了这个基地，北方才能巩固，越南人才能从老挝撤出。（有些干部哭的主要原因是不愿从南方北撤，担心南方干部到北方回不来，很多干部在河边哭的。有如抗战胜利初东江纵队北撤时也有哭的。）关于越南问题我们始终尊重他们，由他们决定，我们决不强加于他。奠边府是我们帮着出了很大力的，没有这一仗的胜利哪有日内瓦会议？没有日内瓦会议，哪有河内？没有河内，北方哪有统一？

到了7月上旬，总理又回到日内瓦。这时恢复印度支那和平问题，基本上、大轮廓上已经达成协议了。有些纠纷，属于小的，内部问题。

当时情况是有9国：苏联、中国、越南为一方，美国、英国、法国、南越为另一方，还有老挝、柬埔寨。如何能达成协议？总理讲了多次：首先，奠边府胜利；其次，美法有矛盾。美国看清法国打不下去，没有力量，只有靠美国出枪出钱，最后还要出人。结果印度支那也不是法国的，而成了美国的。总理同法国谈，它听得进。越南也说：停了战，对法国是最好的，可以往来。

有些新的问题：柬埔寨、老挝问题。总理也多次说过：日内瓦会议前我们本来以为印度支那基本上就是越南，其实是三国，过去一向都是如此。老挝党是东洋共产党。最后签订协议时，是否承认这两个王国？总理做了大量工作。6月4日，越南劳动党致电中共中央，同意周恩来同志这个意见。7月3日至5日，胡志明主席和周恩来总理在广西柳州举行会议，取得一致意见。日内瓦会议就此达成了协议。这协议还有一个好处：不只是停战，而且规定了统一的步骤，即撤兵，选举，统一。后来越南南方依靠美国支持，赖账。本来商定1954年停战，1956年普选。胡志明威信很高，准当选。第二次世界大战前，他就到过印度，见过甘地、尼赫鲁，威望很高。

所以，我们在朝鲜问题上没有达成协议，但达到了使美国完全孤立的方针。在印度支那问题上，总理在党中央领导下，充分利用了美法矛盾，取得了印度支那问题的解决。这两件事都是了不起的成就。

刚才谈的,这是主体。我再讲些副产品,或者讲些插话。

跟美国人关系很紧张。总理采取高姿态,一起开会。"两国交兵,不辱来使。"会议开始了一个星期。4月底5月初,在酒吧间(会议休息时大家都去)站站,遇到杜勒斯迎面走来。总理看见他来了,出于礼貌,准备握握手。杜勒斯手中拿了酒杯,以手来挡,说我不能和你握手。总理轻蔑地同他笑笑,没理会。我在场。(以后基辛格说:这是众所周知的美国很丢人的事,不是大政治家的风格,他至今还感到羞耻。我们很尊敬周总理,是要握手的。)后来过了多少年,1971年基辛格来华秘密访问。总理说起美国国务卿连握手都不握。基辛格回去跟尼克松讲。尼克松想到过去这段中美关系中不愉快的事,他要经过他的手将这段不愉快的回忆抹掉。尼克松安排同周恩来的握手要让美国、全世界看到,不准旁边有任何人。本来下飞机时随行人员鱼贯而下,这次,开始时谁也没有,只有尼克松带了翻译。后来才知道,总统秘书下命令,两人握手拍照前,不准有任何人出舱门,保持一定距离。这值得想想,一个民族一个国家要有骨气,你来找我了,一个民族要有自尊心。

朋友呢?和英国有几次来往。艾登是两主席之一,总理说过几次。有一次谈话,我参加的。艾登提出:你们建国以后没收了不少英国人在华财产,这问题(他是老外交)你们有什么考虑?总理当时也很客气,说:"我们中英两国关系很长了,从鸦片战争以来一百多年了,当然这关系也很重要。要说谁欠谁的债,那应该从鸦片战争算起。这样,对英国不见得有利。"艾登很知趣,不是胡搅蛮缠,谈笑风生地说:"当然,现在不必回顾这些了。"这件事很小,总理在处理这问题时确是高手:讲道理,策略上也不使对方为难,大骂人也没有必要。第二件,二次大战后英国跟美国结盟,但英美之间也有矛盾。解放后,英国在台湾淡水有领事馆。这成了"两个中国"。总理就决定:中英双方建立外交关系的条件还不成熟,可以派代办，这样也搞了十几年。

再如与法国的关系。日内瓦会议后没有很快恢复外交关系。我们支持越南。法国政府、统治集团对这点不满。我们在非洲又支持阿尔及利亚，法国也不满意。尽管日内瓦会议后有些来往，仍没有外交关系，半外交关系也没有。当时我们支持法属殖民地的解放运动。一直到阿尔及利亚问题解决后，戴高乐上台，他的远见也有很大作用。法国成了欧洲第一个同我们建立外交关系的重要国家。

再说说我的印象：和苏联代表团1954年一起工作3个月。总理一面对莫洛托夫同志很尊重，一面多次说："苏联在处理外交问题上、国际问题上，生硬，僵化。"这一点同志们不大容易了解。我们党的统一战线思想，在主席、中央、总理领导下，大家都熟悉，但苏共不是这样。说二次大战后，日内瓦会议期间，世界上只有两类国家：社会主义，资本主义。它在国际斗争中非常生硬、僵化、老一套。我们党长期形成了统一战线政策：利用矛盾，争取多数，孤立少数。它僵硬,你从历史上讲也可以理解:十月革命历史情况不一样,后来外国干涉战争,20年代起基本处于孤立状态,加上教条主义思想、形而上学思想。所以它一左一右,老处理得很僵化。赫鲁晓夫反感,一下连原则也不要了。总理在日内瓦会议上,将原则坚定性和策略灵活性结合得很好。

附带说,总理很忙,开了会,签了字,利用回国访问了东德、波兰、苏联、蒙古。当时,老大哥苏联没开二十大,老同志还在台上:布尔加宁、卡冈诺维奇、伏罗希洛夫……1954年日内瓦会议前后,总理领导会议的情况和以前不同:朝鲜谈判,总理不在前台,这次在前台。以后,日内瓦会议从根本上讲是反对帝国主义的会,反对美国和法国。万隆会议是团结的会议。两个会议性质不一样。

万隆会议是五国在科伦坡发起:印度、巴基斯坦、锡兰、印度尼西亚、缅甸。很重要的是,中国是社会主义国家,刚打了朝鲜战争,科伦坡五国邀请中国去参加。

这件事也很重要。因为美国宣传，苏联同志也宣传，都认为政治制度分歧是最根本、最大的。可是由于我们的工作，科伦坡五国决定邀请中国参加万隆会议。当时，我们在国际中有个说法。主席一开始就讲，新中国面对三种国家：民族主义国家、资本主义国家、社会主义国家。我们认为印度、缅甸等新独立国家的性质属于民族主义国家，不能同西方国家画等号。在1954年总理访问印度、缅甸时，做了尼赫鲁、吴努的工作，日内瓦会议的方针已经提高了中国的威望。日内瓦会议印度支那协议达成，第一个贺电就是尼赫鲁发来的。他在新德里讲："从此以后，世界上也就没有枪声了。"所以，这次会议就是团结第三世界的会。

这次会中，也可以说中央决策最重要，但总理在第一线的处置，使这次会取得这样大的成就，是决定性因素之一。他不仅善于同敌人做斗争，而且在怎样团结朋友方面的才能和贡献也是值得所有人钦佩的。这次会议，陈老总一起参加的。当时中央有个意思：总理长期兼任外交部长忙不过来，想让陈老总逐渐熟悉起来，来当外长。

会议虽然很短，只有四五天，但影响很大。我参加的，也没有想到这次会议会产生这么大的影响。根本原因是中央的远见，对整个世界形势有个总的看法。在它的指导下，实际上已经有了三个世界的看法，以后再形成这个判断：亚非拉就是第三世界。我因为材料不全，只能说说会议中遇到的问题，相当根本的是怎么能破除帝国主义的挑拨离间。这件事看起来容易，做起来可不容易。我觉得，团结人，任何时候都不能用大国沙文主义态度。总理多次讲，尼赫鲁相当地老气横秋，相当地得罪了一些人。尼赫鲁是个头儿。他动不动教训人。讲民族主义，他的资格比别人老，坐了十几年牢，本钱不少，从不穿西装，有威望。这次会议在印尼开，也是能开成的一个条件。苏加诺比尼赫鲁胸襟开阔一些，尼赫鲁傲气。开国际会议，这也是一个重要条件。苏加诺调子比较高，影响全场，主要是亚洲国家。非洲著名人物参加的是纳赛尔，搞了革命，是青年军官，很朴素，看不出是领导人，带了两个助手，自己拿着皮包。

我们对会议的方针，用一句话来讲——总理坚决推行：求同存异，求大同，存小异，团结反帝。这种会议对战争中的国家影响很大。后来知道，不仅纳赛尔受会议很大鼓舞，就是阿尔及利亚也受这会议很大影响。整个非洲觉醒，与万隆会议有密切关系。美帝国主义势力利用它的一些影响，拼命挑拨红色中国和亚非国家之间的矛盾。我们的方针就是要指出，要用各种办法说明白这种矛盾不符合事实。在第一天会议以后，第二天，不少亚洲国家的言论是对中国的误解，甚至公开谩骂，说没有自由。（1955年，所有制问题还没有解决。）总理就在我们已准备好的发言外，根据大家的怀疑，作了个即席发言。实际上是总理口授，记下来的。当时《人民日报》登了。多数人听了，觉得中国人讲道理。总理以非常高的姿态，邀请大家到我们家里去看看，百闻不如一见。这篇讲话，作用很大。同时，总理还做了大量工作，婉转劝尼赫鲁不要太急。他架子又大，又怕人说他，稍有不满就拍桌子。这是大问题：要求同存异。

还有一个问题：总理的领导和方针，能取得这么大的成就，为什么？中国支持所有亚非国家的正义要求，但中国不以你们支持我们的要求为条件。台湾是美国人占领着，大家害怕会上要提出决议，谴责美国占领台湾。总理一再向我们说：我们支持人家，不要人家支持我们，但立场必须鲜明，是非要说清楚。别的会，人家都要求支持自己。总理这样做，安了许多人的心。很多人知道你中国有道理，但要他举手谴责美国，他有苦衷、困难，办不到。我们也没有参加过这样的会，这是真正的国际主义，使他头脑放松了，不然他就害怕。你总有一天会同情，那就很感谢。如果不同情，也不见怪。总理就是这样的姿态。以后的国际斗争中，方针基本上都如此：支持世界上所有被压迫民族的斗争，但决不会使任何国家为难，一定要他们支持我们。这个高姿态赢得了许多亚非拉国家的同情，是真的同情，不是表面的。

所以，经过四五天的会，最后在五项原则的基础上达成了十项宣言，会议圆满结束。这是很大的成绩。很多人的要求统统采纳。很多同情美国的国家提出，亚非国家有权进行防御，集体的或个别的。这本来是美国的口号，我们同意，但我们主张任何国家不能利用防御权取得特权，这是针对美国的，他不好反对。会议过程中有些国家——泰国、菲律宾、东南亚集团——很关心中国对台湾问题的态度。总理相机举行小型座谈会，向有关国家——印度、泰国、菲律宾——详尽地把事实讲明白，把中国的立场说清楚，很郑重。总理讲两句话："中国人不要跟美国人打仗，中国愿意和美国人坐下来谈。"会后发表了台湾问题的谈话，一开始就提中国人民和美国人民是友好的，中国人不想和美国打仗，中国政府愿和美国政府坐下来谈。这就是中美大使级会谈的开始，1955年到1971年，16年，够长的，130多次会谈。

后来的泛非会议、不结盟运动等关于第三世界的政治集团，在一定程度上受到亚非会议的影响，那是世界上第一次没有西方国家参加的国际会议。我们与亚非国家的关系进一步打开,是借助于亚非会议。第一次认识了纳赛尔,跟着支持了埃及。通过埃及,支援了阿尔及利亚。非洲的解放和中国支持是分不开的。所以,万隆会议以后,亚非民族独立运动蓬勃发展。但这形势越来越复杂。第三世界作为一种政治势力形成了,但情况也复杂了。所以十年后(1955年到1965年),科伦坡五国,特别是印尼,再要开第二次亚非会议时,开不起来了。这涉及十年中更多更复杂的变化。最重要的是中苏矛盾尖锐了。

万隆这地方,小城市,这是个中国式城市,招牌都是中国字,好像到了广东潮汕。总理一到,人山人海。设身处地,苏加诺是否感到是个问题?住哪里?印尼代表团大些,都是些华侨让的房子,好花园、别墅,都有钱。我们在万隆住一个星期,经常下暴雨,总理那里从来没断过人,老少都有,见了叫一声"周总理万岁"。中国与东南亚的关系,有两个问题容易为反动势力挑拨。一个是华侨问题,一个是当地共产党问题。现在苏联还在搞这一套,以华侨问题来挑拨。所以总理开万隆会议以后也对印尼进行了正式访问，签订了解决华侨双重国籍问题的协议。

我们党、总理做了这两件事：倡导和平共处五项原则，坚持解决双重国籍问题，鼓励华侨参加当地国籍，否则作为华侨尊重当地法律。由于采取这样的政策，我们的影响在东南亚极大地提高了。从1955年起，到1971年进入联合国为止，大概对外关系增加25国，现在有150多国了。1955年时建立外交关系的只有25个左右。

万隆会议是中国对外关系第二次发展，主要是同亚洲国家建立了关系，直至外交关系，打开了局面。总理的贡献多，他不愧为外交工作的卓越领导者。

下次谈1955年至1965年，谈三个方面：中美关系（1950年到"文化大革命"，里面有分有合）；中苏关系；中印关系（开始时中国最好的朋友是印度）。

1955—1965年对外关系的重大变化

时间：1981年7月27日
地点：北京史家胡同51号

上次谈1955年亚非会议，我再补充几句。

这次会议影响很大，是在世界范围的，但最大影响是在非洲，非洲的解放。万隆会议作为国际因素来讲，是重要的因素。万隆会议时，非洲独立国家参加的有6个，真正独立的国家有两三个，现在全独立了。万隆会议可以说使新中国外交有了第一次大发展。这以前，从新中国成立到万隆会议，我们建交的国家有20个左右：一半是社会主义国家、兄弟国家。还有一半由两方面组成：一方面是南亚的印度、缅甸、巴基斯坦、锡兰、印度尼西亚，另一方面是北欧和平中立国家瑞典、丹麦、瑞士这些国家。万隆会议以后，从1955年到"文化大革命"时期（1969年），15年中建交国增加了30个。所以中美打开关系前只有52个建交国，现在125个。

新中国外交关系发展可以说有几个阶段：万隆会议，第一阶段结束，第二阶段开始；中美关系打开，进入联合国，进入第三阶段。这对中国来讲是很重要的。周总理、陈毅同志他们两位起了贯彻中央方针政策的作用。

现在讲下一个时期：1955年以后，总的题目是说从1955年到1965年"文化大革命"前对外斗争中的周恩来同志。重点是把有些背景说说。任何一件事孤立起来看都没有多大意思，只有联系起来，放在一定关系中看，才比较准、真。

这十年怎么说？方面多，许多事都连在一起，相互关系也复杂。先把这十年概括说说。

十年中对外关系最大的变化，可以说是从反对帝国主义逐步演变到反帝同时反修（指南斯拉夫修正主义或者右倾机会主义）。换句话说，从1949年到1955

年，我们对外斗争的目标是反帝，而且主要是美帝；从1955年以后，对外关系从单一的反帝逐步演变到反帝反修。说得再准确些是反帝、反修、反对反动的民族主义。"文化大革命"中形成这么个口号，中苏关系与中美关系相互影响。

（一）中苏关系的大轮廓。谈这十年，首先不能不提这个问题。斯大林1953年去世，中间几年，1952年苏共十九大，1956年苏共二十大，在苏联历史上是个转折点。要说，苏共二十大影响很大，首先影响同我们的关系，特别是赫鲁晓夫的秘密报告。我们同苏联的关系，这十年变化很大也很曲折。开头我们党的方针是"补台"的方针，这时期可说是1956年、1957年。"补台"到了高峰，就是毛主席到莫斯科开会。

从1958年起，尽管我们做了很大努力，但苏共对我们的态度越来越暴露，内部也开始紧张了。1959年国庆十周年时，赫鲁晓夫从美国回来。我们请客的，他在人民大会堂公开骂娘。然后在中国吵了一场,赫鲁晓夫回去又骂,这时中苏关系还是包着的,不公开。

1960年苏联从中国撤退专家,这已包不住了。但从我们方面以及各单位的希望和要求来看,因为中苏分裂影响太大,总体上继续维持一个团结局面。1960年、1961年、1962年,还是努力维持一个团结的局面、一个团结的架势。1962年下半年始,到1963年最后一次中苏谈判,没办法了。苏美签订了停止核试验条约,赫鲁晓夫一面与英美达成协议,一面破裂了中苏谈判。

这以后,1963年的夏天中苏矛盾公开化了,全部公开化了。我们也发表评苏共公开信了。1963年到1964年,作为最后一着,赫鲁晓夫下台,我们又做了一次努力。中苏关系有没有转机?赫鲁晓夫是苏共主要负责人,下台了,可不可以转圜?周总理以祝贺十月革命纪念日为名,去跟新上台的苏共领导接触,交换意见。最后还是不行了。这以后的中苏关系,一直到1969年中苏边境发生"珍宝岛事件",五年基本上没有来往。除了表面的外交关系以外,党的关系没有了。

这背景必须清楚,是对外斗争中相当重要的背景,可以说是总的背景。凡是牵涉到苏联的重要内部交涉谈判,关系到国家间的,总理都是重要的领导人、代表、负责人之一。

回头说,1956年苏共二十大以后,我们"补台",有两篇文章。第一篇是《关于无产阶级专政的历史经验》,大体上是谈对斯大林的评价。第二篇是波匈事件后中央以《人民日报》编辑部名义写的《再论》(指《再论无产阶级专政的历史经验》)。这篇文章的主要论点是区别两类不同性质的矛盾:人民内部矛盾和敌我矛盾。当时讲这话,是针对波匈事件的不同看法:波兰是人民内部问题,匈牙利已成为敌我问题。(现在有同志提出可以重新讨论。我还没有研究这问题。当时我们理解,中央这看法是对的。)苏共二十大后,波匈事件后,总理做了很多工作,总的方针是"补台",体现在对一系列友好国家的访问。那是在

1956年11月到1957年2月,东欧三个,其他都是亚洲国家。

为什么访问?波匈的访问是支持他们。这时,哥穆尔卡在波兰上台,匈牙利的卡达尔还很紧张。贺龙也去。我到布达佩斯时,紧张得很,街上都是苏联坦克,很多房子都塌了,枪声不停。总理住处前是两辆坦克。不管后来的关系发生什么变化,总理去是支持他们的。那时,卡达尔连个干部会也开不起来,没人听。总理去了,第一次召开干部会,总理和卡达尔讲话,当时中国威信很高,对苏联,还是"补他的台",他们也需要,1957年还没有开莫斯科会议。赫鲁晓夫那个人非常功利主义,需要你时就和你很好。

与此同时,总理、贺总还对其他国家访问,主要是南亚、中亚,都是万隆会议时认识的,如阿富汗,本来没有关系,建立起关系因为都参加了这个会,他来中国访问过了,我们要回访。八个民族主义国家,主要是争取这些国家不要受帝国主义、美国反动挑拨的影响，使他们更多了解我们的政策，扩大我们的影响。可以说，苏共二十大以后，根据中央决定，采取访问的方式做工作，是"补台"、挽救赫鲁晓夫全盘否定斯大林产生的消极影响，这是很重要的。

到了1957年，主席去莫斯科。"分歧从何而来"都说过，"东风压倒西风"就是在这次讲的。这一年，中苏关系表面上还好，内部已有裂痕：他的做法不妥，中央很清楚。莫斯科会议上双方摆出了分歧，特别是对"和平过渡"的问题，我们保留了意见。

中苏发生分歧的形势所以会出现，是因为过去就有分歧，当时条件下没有成为问题，苏共二十大后中苏关系开始紧张。这一年的情况简单地说一下，事过久了，容易忘记。许多事比较复杂。1958年搞人民公社、"三面红旗"，赫鲁晓夫反对。这不是说他很对，还是内部产生的分歧。在对外斗争中，当时反帝斗争相当高涨。这一年7月发生了伊拉克革命，以卡塞姆为首的青年军官，推翻了费萨尔王朝。伊拉克本来是《巴格达条约》的支柱，推翻费萨尔王朝后就退出了这个条约。美国派兵到黎巴嫩、约旦登陆,目的是要去整伊拉克。这是7月,同时,美国又支持蒋介石在沿海加紧骚扰。我们为了牵制美国,支持伊拉克,搞垮蒋介石的骚扰,有了金门打炮。那大概是9月,很紧张了。解放以来,我们还没有这样干过。蒋介石要美国人护航。这时,我们在政策上有了变化:本来第一步想把金门、马祖拿过来,许多文件中公开说了,收复金、马是不可改变的。后来中央又考虑,认为收回金、马不利。为什么不利?一旦收回,与台湾就远了,够不着。我看这方针是对的:保留,拉住,以利后来统一。9月下旬到10月初,方针有这个变化。发了告台澎金马同胞书,炮击金门,逢双不打逢单打,逢单也可能不打。1958年下半年,为了惩罚蒋介石,支援伊拉克,牵制美帝,我们在台湾沿海地区采取了行动。

这时,赫鲁晓夫慌了。他派葛罗米柯来,秘密的、少数人的行动。葛罗米柯话很多,归根结底是说:你们不要冒险,美国人不好惹,它有原子弹,那时中国没有原子弹，美国投了，苏联怎么办？总理向苏方说明这是中共中央的意见，你们不要怕，我们是对万一有准备的，不是毫无准备莽莽撞撞的。估计美国人不敢投原子弹，即使投了，中国为了在政治上、道义上揭露美帝，我们也准备承担牺牲，不要求苏联支援我们（因为有《中苏友好同盟条约》）。中央这一思想，后来发展成为我们党的一个很重要的外交方针：任何时候不第一个使用原子弹。一方面苏联怕，一方面它又急。苏联通过他们的大使（大概是尤金）向我们提出：中苏组织共同舰队、太平洋舰队；在太平洋西海岸，从旅大到沿海，设长波电台，监听、监视美国的舰队和潜艇活动。当时主席明确表示：办不到。如果你们一定要干，我们上山，中国交给你们。赫鲁晓夫后来就说：我们没有这个意思，这是尤金大使个人说的。

1956年时赫鲁晓夫有困难，还有求于我。1958年他日子好过了，国内也站稳了，真相毕露了，大国沙文主义面目暴露了。这几件事，赫鲁晓夫是怕的，怕美国，很自私，一有机会就想伸手，这么一种政策。许多话讲了不少，国际主义等等，是空话。1959年赫鲁晓夫访问美国，昏了头，一心想同美国要好。这时，这矛盾尽管还在内部，但所有国家都清楚了，赫鲁晓夫讲话都公开了。

这一年，与中苏关系进一步恶化同时，中印关系也开始恶化。这一年春（3月）西藏反动集团叛乱，在一定程度上是尼赫鲁策划的。是说在一定程度上，没有这个限制词会变成主观主义。跟着，他向我们提出领土要求。在中印边界全线，这年8、9月发生第一次中印边界冲突，最有名的是空喀山口。赫鲁晓夫这时来北京参加新中国建国十周年国庆，大庆活动结束后，在怀仁堂举行两党会谈，毛泽东、周恩来、陈云参加。他们代表团谈到中印边界冲突时，赫鲁晓夫当面指责我们。我们告诉他是印度人跑到我们境内，先开枪，我们不得已才回击的。赫鲁晓夫说不可能，不相信。如果他开枪，怎么死那么多人？我列席这次会，很清楚，苏联是支持印度的。

中印边界问题，是否完全是个边界问题？这不对。许多矛盾（当然也有边界上的矛盾）是一个集中表现：有中苏之间的问题，有尼赫鲁对西藏始终有相当野心的问题，不单纯是边界问题。这很重要。没有中苏这个因素，后来不会发展得那么严重。总理在处理领土边界问题上花那么大精力，亲自过问，亲自看材料，发现问题。他永远是我们的模范。每句话都要准备人家反驳的，尤其印度装彻底的无赖，不那么容易，而那么麻烦。总理处理边界问题，那么忙，回溯事实费尽了心力，亲自动手，掌握材料，提出论点。这个精神就是马列主义的。这些很容易靠助手。他助手多，副总理都是助手。他不是不放心，而是自己觉得应该弄清楚。包括党外人士看过国民党的外交工作，对总理这作风也没话说。中印边界问题持续了三年，文件照会印的上百万字以上，当然是集体的，但总理在很多地方自己写，很多是他讲的。有些最重要的给外交部的声明，胡乔木同志写的，材料、思想都是总理亲自抓的。

1959年边界冲突,照会来往。到了1960年4月,过了5个月后,我们建议总理访印,和尼赫鲁当面谈,陈老总去,我也参加会谈。从我个人心情来说,尼赫鲁那么傲慢不讲理,他派头可大,始终狂妄,想说:中国走上世界舞台,是他拉着我们的手走上去的。他参加民族运动早,但早不过总理。总理很耐心,说了一个星期左右。我觉得没多大意思了,不可能有什么结果。我当时的心情,第一天就不耐烦了,感到尼赫鲁胡搅蛮缠,不讲理。总理很耐心,一次谈了一个星期左右。最后在我看,共同点少得不得了。我们说有问题,他说没问题。我们说谈判解决,他说没有什么可谈的。我们说维持边界现状,他说有条约定的。对着干,而且装出绅士架势。总理很耐心,最后总理还把整个谈话归纳为五六个共同点,说第一次会谈嘛,进展不大,还有些共同点。可否发个公报,取得了些共同点,今后继续谈。尼赫鲁不干。这件事很重要。总理在统战工作中有很深的很丰富的经验,对民族主义国家的领导人如此耐心，坚持说理，不发火。这一点当时我不懂，以为太迁就；后来才懂得，这真表明我们党的政策策略的光辉，向全世界说明理在我们这边，是你欺人太甚。

1960年、1961年、1962年这几年中，边界问题层出不穷。在这当中，讲个重要问题：我们多次向印度政府建议，双方武装力量各自后撤20公里，印度不同意。我们又提：你不撤我撤。这在世界上是少有的。我当时也不太理解：是否太过？

中央做出了决策后，下令我们边界前线边防部队后撤20公里。同时还下令边防部队，不经上级同意不得开枪。印度在苏联的挑拨煽动下，以为中国不想在中印边界引起什么冲突是可欺的。

到1962年秋天，中印边界都是山，大雪封山，谁也走不动了。10月、11月可以，12月封山，到第二年5月，封半年。1962年，中国与苏联关系更紧张，蒋介石在沿海也蠢蠢欲动。有人给尼赫鲁出馊主意：一是中国人无理，二是中国人不敢动。他真干了。

这以前,1962年中印边境冲突前,1962年7月,陈老总在日内瓦参加老挝问题国际会议期间,遇到印度国防部长梅农。陈老总利用这机会又一次向梅农建议,还是说双方要避免冲突,梅农态度很傲慢。当时,我们没想到尼赫鲁会干这蠢事,梅农根本听不进去。1962年10月,他们就进行全面进攻。

这话要说清楚,1962年边界战争前,中国已准备两手:一是争取谈;二是防备不测。不打,他不舒服的。10月20日到11月20日,先是他全线进攻。毛主席的老方针,诱敌深入,然后打出去,一下打到麦克马洪线。主要战斗在东段,很漂亮的,打出去,退回来。尼赫鲁后来去世了[1]。中国这样一个决策、战略,应该说是很光辉的。这地是我的,我军事上占领,但我不用军事来解决,仍用谈判。毛主席军事思

---

[1] 尼赫鲁于1964年去世。

想很伟大，史无前例，因为军事永远是手段，主要是政治。

外交斗争中，我们的旗帜可以说开头时许多人都不理解。印度是新独立国家。中国大，印度相对要小，人总容易同情小的。所以这在一定程度上是有理说不清。但我们从1959年开始到1962年，各方面的措施赢得了亚非许多国家的支持。一个国家凭力量打人一顿不难，但在世界上能做到多数人觉得道理在中国人方面，他欺人太甚，中国人是没办法才这样做的，这不容易。本来是我们的地方，退回来，我心里怎么想得通？军事与政治，边界战争与政治斗争是密切融合的。战斗一打响，到11月我们已打出去，世界上很紧张，两个大国打起来，中国打出去，真的理解中国的人并不那么多，总觉得中国是庞然大物，可怕。11月中旬，总理除马上向尼赫鲁提出和平谈判外，向亚非国家领导人发了一封信，也不长，任何人单靠这封信可以得出结论：中国人是有道理的，是讲理的，愿意和平解决的，责任在印度方面。这信真写得好，道理讲得透，这也因为我们每个行动天衣无缝。我教青年人要了解外交斗争，可以将这信作为教材。最后靠讲道理，马列主义就是要摆事实，讲道理。

这一锤打下去，1962年到1981年，中印边界平静无事，比订什么条约都牢靠。这是个边远地区、高山地区，喜马拉雅山，运物资都困难，要从四川这边来。这有如七擒孟获。在对外斗争中，对这一局部问题，总理处理得十分好，到现在回头用批评的观点看，也没有什么缺点。他同许多大使谈话，以理服人。最重要是这一条：有没有沙文主义，是否真正平等待人，让你有讲话的机会。所以，总理见外宾是花时间的，要人家提意见容易。有的人盛气凌人，人家就不提。

这十年，我想再谈一次，然后讲下面的：一，1963年、1964年的访问十四国，很大程度上带有礼仪性质。二，中苏关系。三，第二次亚非会议没开成。四，九三〇事变。五，1966年最后一次访问，去罗马尼亚，回来时到了巴基斯坦。1969年在国际机场见柯西金，这在下一次谈。

中美大使间的长期会谈，好多人说有什么好谈？还是起了作用。"有得谈，谈谈。没有可谈的，见见面嘛。"这也是总理倡议的，1955年到1971年，最后终结是基辛格来华。谁想到谈那么长，最后还是有点作用。

总理参加外交部党组会时，是由他主持。1949年10月起，到1954年，总理当部长，实际抓的是开头几年，每月至少有一两次。总理不注意哪一级人参加，有关的都可以参加，并且有发言权。后来主要是抗美援朝，但重要的会他还都参加。变化在1954年张闻天回来任常务副部长，外交部的内部事务总理不太管了。1958年，陈总做外长，张闻天作为常务副部长，外交部党组会由张闻天主持，重要问题总理找张闻天到办公室去谈。尽管总理不兼外长，陈总做外长了，但不是不管外交。"我们的外交是总理外交。"

陈老总当外长后,国际上重大问题出现了,总理总是把有关同志找来谈,一周至少两次,往往12时去,早上四五点钟回来,拂晓才休息。

1966—1969年的外交工作

时间：1981年9月23日
地点：北京史家胡同51号

以前几次讲到"文化大革命"前总理在外交工作中的贡献，今天讲讲以后十年中的一些情况。"文化大革命"这十年，从外交角度讲，同时也从外交部的运动情况来说，可以分为两个时期：一个时期是从1966年到1969年。为什么到1969年？两个标志，一个是开了九大。这年4月，在外交上一个标志是苏联打珍宝岛。这三四年中，从群众运动讲，是疾风暴雨的形成。第二个时期从1969年到1976年，在中国的外交工作中一个重大事件是打开对美关系。从1969年开始酝酿，经过一些曲折，1970年发生了柬埔寨事件，到1971年才表面化。不接触外交工作的人不大了解，为什么基辛格忽然出现在北京？这事开始了中国国际形势的新局面，以及真正的新的外交格局。这以前我们的外交工作根本上是以反美作为中心的，打倒美帝国主义。这以后情况发生了变化。

因为涉及外交，我想讲宽一些。有些事情说起来好像无关，仔细想想还是有关。主要讲前期，就是1966年到1969年。1965年时中央根据那时的国际情况，概括为九个字：大动荡、大分化、大改组。这是周总理在6、7月间第二次亚非会议流产以后回到北京时，中央提出的一个看法。这看法从60年代后期的变化来看，不是空说，确是科学论断。60年代下半期确实变成了大动荡、大分化、大改组。分化是各种政治力量的分化，改组是重新排队。但从1966年至1969年，中国的外交工作基本上处于停滞状态。不是说全停了，因为国家关系不能停，但所有工作属于例行公事，说不好听点，是敷衍空气，没有认真地搞外交斗争。一个最好的、最能说明问题的例子是，国外50个左右的大使全部调回，只留下一个开罗的黄华大使。所谓回来，大部分是使馆造反派闹得不可开交，没有办法，只好回来，全世界都知道。这就从某个侧面说明外交停滞。还有些外交，是例行公事。这几年的外交情况大体上是如此。

附带讲讲外交部的队伍状况。

外交工作停滞，对外交工作的干扰相当严重。1966年这一年，"文化大革命"对外交部的冲击，我的印象还不很严重。严重的是1967年开始：所谓上海"一月风暴"——夺权。在外交部也发生了些事，记上一笔，史无前例地成立了一个监督小组，由群众组织推一些代表。党委处理一些文件，要经过监督小组，等于审批。这是一个变化。最后发展到什么程度？党委成员接见外宾，"不放心，我要参加"。1967年2月开始这个制度，一直搞到1968年，搞了一年。如果造反派讲道理的，还好办一些。碰到不讲道理的，确是寸步难行，有理说不清。怎么能每个问题从ABC讲起？你没有那些背景知识怎么会懂？还会说："你就是反动，保守。"很费劲，几乎不能工作。外交上时间性很重要,搞不好就会误事。一件事,西德还是东德要查得清清楚楚,不能就说是德国人捣乱。对外办事不是内部办事,讲错的不能收回。当时我管苏联、东欧、西欧的外交工作。这样干是不行的,特别是遇到刁难的年轻人,那样搞,国家会垮台。

第二,1967年所谓夺权,上海"风暴",特别是所谓"二月逆流",外交部就发生"打倒陈毅"的问题。外交部的实际负责人有姬鹏飞和我,叫作"陈姬乔"。这一提,部党组、部长、副部长、部长助理,一分为二:主张打倒陈毅的占一半,不赞成打倒陈毅的占一半。主张打倒的都是年轻人?有些是老的,可强烈!这就很难办了。一次中南海打电话找姬鹏飞,那是在1967年"二月逆流"以后,说要找一下其他同志谈谈工作,有的就不去,陈毅找也不去。你是老同志,革了几十年命,中央没有撤销陈毅的党委书记,下级要服从上级嘛。姬鹏飞打电话给他,他也说:"我就不去!"也不讲理由,很难办。当时的情况非常乱,外交部领导工作近于瘫痪状态。只好报告陈老总。他也很苦恼，说："你们来，不称党委，随便谈谈。"可以看出极左思潮对外交部干部干扰是很大的。但大多数群众支持陈毅同志，真正胡闹的人很少。能闹的是和学生一起搞得乌烟瘴气，单凭他们在外交部翻不了天。机关干部有些社会经验，脑子要想一想，不随便乱来。学生给用心不良的人一些东西，就起来了。这种情况，当然围绕陈老总开展。还有一件事是针对王稼祥一件具体事说的，故意说得含糊，康生抓住了，后来把这帽子扣到外交工作身上。那一年6月，罗马尼亚国防委员毛雷尔来华，我们是总理、先念、康生，我也参加接待。毛雷尔夸夸其谈，说得好长。康生也在座。先念拉我在旁边说："'三降一灭'压得我们没办法。你是否给总理讲讲，叫康生讲清楚，指什么。"他管外贸，对外经委，也被说有这个问题。总理休息时，我进去了，说："先念提这个问题，我也有这个想法。这一提，整个外交工作怎么讲？"我说："相信他不会笼统地讲，一定有所指，指什么？说清了，好办。"总理表情沉重地听我讲，想了半天,说:"三降一灭,不通!"我知道了,不再讲话。我看总理处境非常困难。虽然康生的一句话闹得天翻地覆,我完全不信毛主席会有任何这个话。林彪、江青、康生,实际上是他们这批人鼓动下起来的,外交部的极左思潮嚣张到了极点。

真正严重干扰外交部工作的是(1967年)6月、7月、8月这三个月。6月是"三降一灭"。7月是外交学院一部分造反团(从红旗大队分出来的,红旗大队还不错)安营扎寨,包围外交部,到御河桥,很长的林荫道,将前后左右门都封了,进出要查。从7月中到8月,已经干涉了。当时还不会阻挠外国使馆工作,个别刁难外交官的也有,但主要整中国人。怎么能这样搞?国家不要体面了?

他们到了(1967年)7、8月间,实际上将真正做事的几个人抓起来了:姬鹏飞和我。姚登山和原党委几个人出头。高峰是发展到王力"八七讲话"——"文化大革命"中最严重的干扰中央外交路线的事件。外交部叫"三砸一烧"。砸三个大使馆:印尼、缅甸、印度。按国际法使馆具有不可侵犯权,要得到它同意。大概砸印尼使馆是为了华侨问题,华侨也复杂,人数很多,大多是劳动人民,也有些流氓、剥削者;缅甸也是外交问题;印度可想而知,边界问题后关系不好。最严重的是造反派里的批陈联络站,发动人带着汽油冲英国代办处,放火烧。在王力"八七讲话"后,所谓在大礼堂举行批陈(毅)大会,大约是1967年8月11日或13日。以后很多中国同志淡忘了,外国人出这种书的很多,出洋相。实际上,外交部到7、8月开始瘫痪。这时外语学院进驻外交部,正式封闭部党委。

这样,物极必反。到8月下旬、8月底,事情已发展到要就让他们放手干,要执政,天下大乱,一切关系都乱了。这时他们要揪陈毅,陈毅保护走了,就把我抓住,不讲就揍,打得出血。8月底,当时我已靠边,总理不承认,有事还找我和姬鹏飞。我已经吐血了。总理找去料理残局。英国代办处等于使馆,烧了如何善后?这事向主席报告后,主席觉得这局面不行了,要"中央文革"办。他们却耍两面派。总理找我们,一面处理英代办处事,一面找外交干部与群众谈话,批评这种错误的行动。9月1日、5日,这件事公开了,成立革委会。"中央文革"讲话,说有极左分子搞破坏,抛出王力。毛主席后来第一次提出极左分子、五一六分子、反革命分子。关于这段,要说一下,毛主席是讲得斩钉截铁的,最早是两次同外国人谈话。一次好像是同斯诺谈话,说外交大权旁落了三个月,这些极左分子是反革命。这一点实事求是,毛不含糊,而很多人耍两面派。

在外交部,从1967年9月起,9月、10月、11月、12月,1967年最后几个月,掀起一个运动。主席、总理直接过问,"批极左,揪坏人"的运动。外交部党委重新恢复工作,工作开始正常化。这是极左路线对外交部的干扰。这里讲个插话:"极左","四人帮"是不愿用的。外交部在1968年成立革委会,军代表进驻,给中央写报告,提到运动发展。经过"批极左,揪坏人",情况逐步正常。我代表党委,张春桥说:"批极左这话,根本不通。"毛主席对外宾谈话,他们不划圈,刺痛了心病。一提批极左,他们就"批右"。

到1968年,情况又发生了些波折,但外交工作比较正常了。年初,2月份,外交部一批干部(参赞员、一秘、司长、个别大使,91位)写了一张大字报,原名"批判打倒陈毅的反动口号"。这件事正好发生在所谓新的"二月逆流"和"杨余傅事件",那是3月份,叫作"右倾翻案风"。总理抓得很紧。所以抓那么紧,因为他不抓紧,林(彪)、江(青)、康(生)、陈(伯达)会借口于"杨余傅事件"的。总理很有苦心,为了保护外交阵地,自己抓。这张91人大字报同陈毅同志毫无关系,与外交部党委也无关,是自发的。贴出后,他们见不到总理、陈毅,拿了两份给有机会见到总理、陈老总的人,希望交给两位看看。这件事,造反派说是陈老总挑起来的。陈老总从来不搞这种小动作的。也说我和姬鹏飞也是后台,当时是不能申辩的,我们做了检查,这是家常便饭。

批斗了还要站班,那时监督小组已经取消,就是办宴、接待外宾、陪斗三件事。2月最猛时,将司长家的电话全拆了。总理在2月一次会见时非常恼火。当场说:你们把拆掉的电话一个一个重新恢复。这是与我通话,你们拆了,我找谁办事?再补充一点:8月二十几号,"中央文革"陈伯达告诉造反派:从今晚12时起,外交大权归总理,你们不准过问。这大概是主席、总理发了火了。8月二十几号,在北京医院见到邓大姐,说:"不要紧,情况就要变了。"

这些极左的干扰,都是所谓群众、造反派在林、江、康、陈、谢(富治)的煽动下干的。王力有那么大胆子?!当然有人支持他,都看颜色,仗势欺人。这些说明:"文化大革命"中对外行动还是慎重的。怎么能同联合国打开关系?人们看到花,也要看到茎。这转变是不容易的。英明,即有远见的、稳当的。看起来出奇制胜,实际上经过深思熟虑。"十年动乱"中,主席、总理紧紧地维持了这外交阵地,尽可能地不受极左干扰。出现了些干扰,1967年6月、

7月、8月，都不是中央的意思，而是造反派在林、江、康、陈、谢的煽动下搞出来的。发觉后，主席、总理很快采取坚决措施制止它。如果他不闯这么大乱子，王力下不来，不好办。坏事变好事。

在这三年中，1967年、1968年、1969年，如果没有搞"文化大革命"，国际上可以有很多作为。国际上发生了很大的变化，大动荡、大分化、大改组，中国这么大国家不可能是旁观者，而这几年是袖手旁观。陈毅同志在1966年还可以搞些工作，"二月逆流"后实际上被禁锢起来。1967年有一次参加宴会，造反派在外面准备揪。1967年2月陈毅处境那么困难，总想使外交不受干扰，把我和宦乡找到他家去，写纸条，"根据国际惯例对外国人有几条守则"，我想法送主席。主席批下来了，至少"'文化大革命'在国内搞，不要牵涉外国"。开头他很高兴，他的风格是有说有笑，简单明了。搞了两三天，忽然觉得陈毅同志不大愿意讲话了，沉默寡言，觉得有事。写好了，留下。陈老总说："谢谢你们，你们可以回去了，不要再来了，我来处理。"实际上他已没有发言权了。这事很小，但可以看出这些老同志对党的事业是什么态度。"二月逆流"，总的是谭老板（谭震林）火气最大，连在一起很麻烦。

这些时候，西边有捷克、中东事件，东边有珍宝岛。很多事有偶然性，自然有总的潮流：中苏对立。1969年9月，这时越南战争正在激烈地进行。9月2日，胡志明同志去世。中央考虑要吊丧，由总理去吊丧，可是又不愿在河内遇到柯西金。总理与胡老不仅是同志，个人关系也很深：在巴黎是同学，北伐时都在广东，胡志明是鲍罗廷的翻译，总理的结婚礼胡志明也参加了。以后越南革命，中国同志看作自己的事一样，胡志明看得很清楚。他去世，总理不管哪方面讲都必须去。急中生智，通知越南不要任何接待，一架专机，9月3日到，向遗体告别，当天回来。既避开了柯西金，也突出了他和胡志明的关系。正式吊丧，3日宣布，总理已回来。苏联派柯西金去，我们也去代表团，我记得是先念同志为首的，尽量避免接触。回来了,9月10日,从河内使馆来电报,说柯西金要在回莫斯科途中过北京,要求同周恩来见面,等回话。这是个大的决策问题,任何个人不能定。电报发出后,柯西金起飞了,由河内经印度转中国。9月11日,中央决定:事情总有个限度,不管他有多少诚意,他一再表示要来,不见就输理了。当时,极左是很浓的,毛主席的掌握是稳当的,征求意见是不行的。这就产生了有名的9月11日柯西金在北京机场的会谈。沉默多年的中国外交又开始活起来了。

1966年,总理在中国驻外使节会上说:"你们是派往全世界的触角。你们要比我们更敏感、更现实,应该认识到这一点。"

1972年8月8日,总理接见回国述职的大使时说:"极左思潮就是形左实右,就是空洞、极端、形式主义,空喊以无产阶级政治挂帅,很抽象,这是违反毛泽东思想的。关于这个问题,如果我们不好好做工作,还要犯错误。极左思潮不批透,右倾又会起来。""运动就是要落实在政策和业务上。无产阶级政治挂帅挂在什么地方呢?就是要挂在业务上。运动和业务不能对立,如果真正懂得运动,就要懂得政策。政策就是要落实在业务上,比如从新华社的新闻报道上就可以看出来。"

1969—1976年中美苏关系

时间：1981年10月6日
地点：北京史家胡同51号

　　上次谈了1966年到1969年"文化大革命"初期。严格说，这时期没有什么外交，有的是极左路线对外交的干扰。认真的外交是1969年以后开始的。如果讲转折点，真正解放后三十多年的外交，历史大转折在1969年，不在任何旁的一年。所谓大动荡、大分化、大改组，最大标志也是这一年。这一年，中国同苏联走向战争的边缘。这一年，中国和美国对立了二十年，开始相互接近。不是大改组吗？这段时间也相当长。1969年到1976年，差不多有七年，但中心问题还是中美苏关系问题。旁的问题就不说了，如建交、谈判、来往等等。就是为什么中苏从维持一个团结局面转变到对立，对立着的中美关系又转变到中美之间发生关系。提纲挈领地讲，就是几句话；细致地看看，非常非常复杂的。

外交上首先是大的战略方针，这一点同战争差不多；而每一个细节、战术动作都会影响全局。指挥外交研究的是将军，而且又是士兵。不掌握错综复杂的材料，不能指挥。周总理勤勤恳恳，一是他的性格；一是工作性质，必须了解每件事的来龙去脉，了解每个使馆电报，这就忙得不亦乐乎。我说仔细点，说明指挥外交非常细。革命不是绣花，但包含绣花。外交基本上属于这一类。

关于珍宝岛事件的情况，上次已经谈到。补充一点："文化大革命"前，1966年前，整个中苏边界上，我们的材料和苏联一样，只有十二个师不到。解放时有同志说中苏边界"有边无防"。四千多英里（一万多华里），一个师：大师二万，小师一万五，没多少人。但到了1968年、1969年，苏联边防部队大大增加，增加了三倍，从不到十二个师增加到四十个师还多。另一件事，本来蒙古这块地方是缓冲地带，划了边界，关系也不错。但到"文化大革命"开始那年，苏蒙签订了条约，跟着苏联派军队到蒙古。如果把蒙古也包含在内（应该包括，打起仗来，不分那个），中苏边界上苏联集中军队大大超过四十个师，最少五十个师，大军压境。苏联是大师，一师两万，就是一百万人。大军压境不只是个形容词。在这种情况下产生珍宝岛事件，这是象征。

1969年3月到8月，从黑龙江到新疆，可以说两个星期甚至隔几天就发生一次边界冲突，连续不断，这局面就非常紧张。紧张到什么程度？苏联最少有一部分有权的人士在考虑对中国进行轰炸，这是准确可靠的。1969年8月，美国国务院苏联东欧司一位专家到苏联使馆做客。8月18日，有一位苏联人向美国官员发问：如果苏联对中国的核基地发动袭击的话，你看美国国会会产生什么反响？这话也可能是随便说的，但大家都了解：在外交场合，没有一句话是无所谓的。这也不是笑话，很严肃，明显是苏联人有意进行试探。美国尼克松、基辛格他们不会不利用中苏之间这种紧张局势。也就在这前后,大约在那年4、5月间,美国方面已经商妥要对中国采取一些单方面措施,表明他们愿意改善中美关系。

所谓措施,现在看不值一笑:例如去中国旅行的人可以买一百元以下的中国货(本来是不许来华旅行的)。这事到了7月还没有宣布,内部已定。忽然发生一件小事:两个美国人到香港去玩,有个游艇在近海,不小心冲到我们领海里,我们抓了。这是7月16日的事。本来美国准备就在这一天宣布它要采取的措施。发生了这件事,美方推迟了,看看中国人的行动。总理(其实许多具体事都是总理管的)立即召开会,有公安部、外交部等,究竟船上有什么?为什么?抓紧做,而且派得力的人做。搞不出真实情况很危险。公安部马上打电话,指示没有查清楚不要乱搞,饮食要客客气气,要负责人下去。总理处理外交工作不分昼夜,特别是这种事。不久全部弄清:两个学生到这里旅行,美国人这种事很平常。也没有发报机、窃听机等,很快查清楚。实事求是,这件事在对外关系上是误入,就放你走。总理抓了这件事,报上也没有大肆宣扬。美国看我动作比较安详,本来要16日公布它的措施,推迟了几天。实事求是地说,采取这么几个措施都是很小的事。把这案子反复查了以后,16日发生的,花了不到七八天查清了。那两个美国人态度很好,说不知道什么地方是领海,是误入。写了字据、声明,承认是误入,是不对的,以后要注意。中国就在24日把他们放走了。这些事最后都要报告主席的。从美国看:中国对外交是懂得的,我的行动你懂得我什么意思,你做的我也懂,这是珍宝岛事件后。我们在珍宝岛事件后,在总理掌握下,实事求是地处理问题。这是很小的事,带有典范的意义。外交不能粗心大意,这是中美之间一种无声的对话。双方都不丢面子,双方都不丧失自己的尊严。双方都没有跟对方说明白,而双方都对对方有所了解。

这时,美国采取了一些步骤。美国这个弯怎么转?它委托一些同我友好的国家,如罗马尼亚、巴基斯坦给我们传话，说美国愿意跟中国改进关系，摆脱二十年来中美之间的僵持状态。这种传话，当时是一般表示，没有什么具体内容，是带试探性的。

这时又发生新的情况：1969年9月11日柯西金到北京机场同总理会晤。这件事对美国的震动比珍宝岛事件更大，完全出乎美国的意料之外。美国情报机关没有收集到任何材料，尼克松是从报上知道这件事的。当时尼克松的反应是暴跳如雷：完了，中苏关系缓和了，他下面的中央情报局没有给他材料。当时会谈后要发表一个公报，苏联人起草了一个，征求我们的意见。我们报总理，也画了一些线，如"同志般的"，还有一个"友好的"，有的人觉得还可以，当时柯西金在苏联内部对中国比较有好感，在机场上谈话也比较好。问题不在于会谈，回去后苏联政治局一讨论就变了卦，这是突出他们谈话不算数。总理看这个公报，把"友好的"也删去了，只用了"坦率的"，发表在《人民日报》第二版，很小的一块。基辛格注意到了：这是官样文章。中苏这样深的矛盾不是机场一次谈话就取消了,连"同志般的"也没有。总理掌握这些事如此有远见。有的人认为:多一个字少一个字有什么了不起,世界不会有什么变化。但精准的观察家一看就看到了你们会谈大概是什么气氛。尼克松掌握大方向,在这件事上有功,很坚定,不容易。但分析每个细枝末节,他有几个得力助手,基辛格还是个有力帮手。

美国震动并未由此结束。中苏总理9月11日在机场会晤,12日发表公报,到10月7日才宣布中苏举行边界谈判(副外长级的),这又出乎美国意料。他着急了,一是你谈了,问题不容易解决;另一是你终究开始谈了。他急于要与中国结交,打开门路。这时美国感到他不做点事,没法使我们相信他要打开同中国的关系是有诚意的。经研究后,认为要采取象征性步骤:本来美国在沿海海峡有两艘驱逐舰巡逻,没用,但表示承担义务。这没有什么意思,为什么不可以撤走?当时把这个决定告诉了巴基斯坦,表示愿意缓和,愿意谈判解决问题。巴基斯坦很快告诉我们。

这样,从3月到这年底(1969年),中美之间的关系开始在动了。这是双方的:它有所求,我们也有所求。但有个毛病:所有话都从中间人来。美国在华沙的大使斯托塞尔,我们的大使王国权在国内,华沙只有个代办雷阳。美国国务院要它的大使从社交场合同中国人接触,表示美国诚心诚意要同中国高级人士会谈。雷阳表示大使不在。从1954年到1969年,中国人与美国人互相当作鬼。从杜勒斯同周总理不握手以来,互相是不点头的。这次美国人忽然要找雷阳,雷阳没有得到国内指示。美国大使从三楼,抓住中国翻译,要同中国大使谈谈,解决些问题。中国翻译不回答就跑了。电报回来,总理哈哈大笑,也怪我们的工作做得不够,对我驻波兰使馆应当通报,使他们思想有所准备。当然,也不可能什么都预料到,十几年怒目相视,要改变也难,何况没有让他们了解。只好想办法补救,发电报给雷阳,要他想法在交际场合,主动邀请美国大使到中国使馆做客。十多年的中波会谈,中国人不去美国使馆,美国人也不来,而是到波兰的地方去。但波兰的地方有窃听器，所以谈了什么，苏联比我们先知道。实际情况变化很大，就索性请他们到中国使馆。这是件有名的事。

7月我们放了两个坐游艇进入我领海的美国人。1969年还发生一件事：年初2月16日，广东海面拘留了一艘美国游艇，也是两个美国人，比较复杂，有收发报机，从香港过来。他们也有个风气，坐游艇到处走，可以到香港、新加坡、曼谷。设备也多，有无线电通讯。这事审理就费时间。总理也抓了这事，发生在2月珍宝岛事件前。到12月，广东报告来，上报全面审查结果，间谍嫌疑很小，误入可能很大。这契合当时局势和事实本身。12月6日，总理报告中央（只点头），放了这两个美国人。美国方面表示：中国人对这事采取了合理态度，总之，这是1969年这一年的变化。

到雷阳请美国大使会谈时，实际上中美接到头了，双方也有了一定了解，可以说是中美接近的第一回合。船朝一个方向开总好办，要转弯就不容易掌握，容易发生这样那样的偏差。总理细心，他常讲："多算，胜。"处理任何事，要多计算。这是孙子的话，处理任何事，利害得失要反复考虑。外交就是现场指挥最重要。上面不能看那么多材料，要看你建议。总理总是抓第一手材料，任何一件事决不感情用事，要深谋远虑，我说得细些，目的在此。

1970年，如果没有这年柬埔寨事件，中美关系的打开要提早一年。这话总理多次说过。

1970年是一个波折，走了一个弯路。实际上到1969年年底1970年年初，已经接近以至打开到了可对话的程度，突然来了个柬埔寨事件。西哈努克到巴黎时，朗诺发动政变推翻他。西哈努克到了莫斯科，苏联也不告诉他。到北京，他已经被推翻，美国也进去了。这里涉及柬埔寨问题，是中苏对立的一个方面。苏联支持朗诺，中国支持西哈努克，苏联将这烂摊子给你，它的大使馆仍在那里。三国四方会议最大的标志是以毛主席名义发出的"五二〇声明"。声明并不长，尼克松又发火了。这下又完了，中国人骂得这么厉害：打倒美帝国主义及其一切走狗。基辛格说：都是骂人的话，真正的行动一句也没有。他做了些分析，抓住了些东西，没有一句暗示中国准备出兵，说我们是你们的后盾、后方，反面是我们自己不出来。但无论如何，在这种情况下，原来的中美大使级会谈（70年代初已经第一次在中国大使馆会谈，这是破天荒的，下一次应当在美国使馆谈）由于美国内部矛盾，一推再推，正好推到5月20日，我们在18日通知美国取消这次会谈。

因为发生柬埔寨事件，中央的方针是，这件事要推迟一下。是个曲折，不是说取消。高潮过后，我们还是按既定方针办。5月20日以后，1970年下半年，从我们方面讲也做了几件事。这些事都不是勉强的，而是实事求是，该如何就如何做的。解放时，抓了些搞间谍活动的美国人，有六七个，服了刑。其中有个主教，二十年服刑期满，放了。如果使中美解冻也要做，正好碰上。还产生一些想法：柬埔寨问题是暂时的，中国的态度没有变。第二件是1970年国庆主席登上天安门[1]，斯诺正好来华访问。总理很主动，把他拉到主席身边。主席同他是老朋友，很高兴，把他留在身边，一起检阅。总理做这件事，因为斯诺是客观的、对华友好的。"一个美国人这时陪国家领导人看检阅"，政治意义很大。总理请示了主席：斯诺在这里，带来见见你。主席说：好。就请。除了国宾，一个旅游者站在主席身边检阅。这些动作，美国人都看在眼里。

大约这时，10月份，尼克松在美国同《时代》杂志说：一生的希望是到中国去，十年不行二十年，今生不能去儿子去。这话很平凡，但给人印象很深。美国的政治生活，每年9、10月间在纽约召开联合国大会，很多政府首脑借此乘便访美。这年，巴基斯坦的叶海亚·汗出席联合国大会。尼克松就要求他带信给周恩来，表示或者美国派人到北京，或者中国派人到华盛顿，举行高级会谈，打开中美关系。也在这

---

[1] 毛泽东主席最后一次登上天安门城楼是1971年5月1日。

时，尼克松作为美国总统，在一次招待罗马尼亚总统尼古拉·齐奥塞斯库时，第一次称中国为"中华人民共和国"。在外交斗争中，这都是比较重要的迹象。

1970年年底，总理感到情况有变化。这些都是观察局势中不可缺少的，一张牌打出去，要看对方如何反应。12月9日，总理正式告诉叶海亚：请美国总统派特使到北京来会谈。美国非常高兴。这时美国比我们更急，所以不到一星期就表示同意。尼克松写信表示：准备派特使秘密访问，时间大约在1971年5月前后。信是给巴基斯坦大使，由他转达美国给中国的信息。总理经中国大使馆回去。当时我们只用巴基斯坦一条线，罗马尼亚不用，这样比较可靠。

12月18日，我们已接到美国给我们的消息。反正主席是看了尼克松就《时代》的谈话后接见斯诺说：欢迎他来，作为总统来也可以，作为旅行来也可以，谈得成也好，谈不成也好。这也是个信号。12月，总理要求美国总统派特使。10月份，罗马尼亚也传达中方欢迎尼克松。到1970年年底，中美双方又走到快握手的程度。

这时又发生一点小的波折。1971年2、3月间,越南进攻老挝南方,局势比较紧张,使中美之间关系受到一点影响。到了2、3月份局面安定了。胡志明小道开头处,到柬埔寨的鹦鹉嘴,就靠这小道,没这小道南越不能打,从海滨、崇山峻岭就是过不去,一定要走西边,后面有小路弯弯曲曲。1970年,柬埔寨把小道南端堵了。1971年,老挝又把它的北端堵住。

总理在外交上最高明的一着:乒乓外交。总理非常谦虚,他做的事从来不讲,总说是主席说的。这事的经过是:总理有这想法,请示主席,主席同意,然后发出邀请。实际上,在名古屋,这事给美国人一个措手不及。美国内部也有分歧,美国乒乓领队赞成,美国使馆专家也赞成,国务院不赞成,尼克松、基辛格同意。1971年4月6日中国发出邀请,8月在中国入境。外交部、体委鉴于左派没有来,他们打算不请了。总理说再斟酌,下了决心请示主席,主席同意了。那时电报已来不及，就用电话过去。你外交部没有掌握住大形势。这主意来自总理。当然，没有主席点头，总理不可能办。后来批评我们说："老一套，没有看到当前情况的变化。"

接着，接见美国乒乓球队队员，除了政治上表明对美国人的态度，同时为美国派特使来创造了良好的气氛和条件。美国人说，来之前以为中国人莫测高深，来以后觉得入情入理，很有礼貌。气氛也很重要。总理招待美国乒乓球队队员，消除了国内一大批反对者。

下面讲基辛格两次访华。

基辛格第一次秘密访问三天：1971年7月9日至11日。第二次公开访问，准备公报，是10月16日至26日。两次之间有一个九一三事件。毛主席后来当着总理和我的面说过："林彪这问题不解决，我们在联合国，美国关系不会打开。"主席可能强调的是中国的稳定。中央派我去美国参加联合国大会前，我也不能很好地理解。材料一份是反对缓和，国内有这么一批人嘀嘀咕咕，这是个麻烦。不仅总理讲，主席也讲：霍查来信，与我疏远，理由就在中美建立关系。

基辛格来的第一次，共三天，有些戏剧性。那次我病了，住在医院里。7月15日公开发表尼克松准备访华的公报。这被称为"尼克松冲击"。

基辛格第二次来，是10月16日至26日，公开访问，当时要谈怎样起草尼克松访华公报。在总理主持下确定这个公报的特点是双方各抒己见。当时对公报有了个初稿，最后定稿要到尼克松访问时再定。这中间，安排后勤、先遣队等，我没有参加。

他第二次访问时，派生出一个问题：联合国问题。10月时，基辛格很有把握地对我们讲："中国在联合国的代表权问题，可能还要拖一年，明年再解决。"他10月17日到中国，离开那天的中国时间是26日，美国是25日。上飞机时，总理告诉他："基辛格博士，中国在联合国的代表权问题已经解决了。"美国原来是"两个中国"的方针：台湾是一个，中国也进去，在联合国活动得很厉害。而许多事不以人的意志为转移。自从尼克松准备访华的消息公布后,世界上许多本来心存观望的国家示威:你美国要同中国接近,为什么不许我接近?这一点,美国国务院都没有估计到。以前,还不到六十个国家承认我们。当美国开始同我们接触后,特别是基辛格来华访问后,不可免地,多数国家转过来支持我们,当然还有仍反对的。这是中美开始接触的最重要后果。我们搞了几十年。从联合国成立起,董老(董必武)参加的,一直反对"两个中国"。真正外交关系的全面打开,是在这时。尽管如此,支持我们加入联合国的,主要是第三世界,讲得更细点,主要的是非洲国家。中国人进入联合国,可以说是非洲人把我们抬进去的,美国人没有办法。因为1971年前几十年中国人在世界上一直支持被压迫民族反对帝国主义,而且尽可能帮人家一点,所以这些被压迫民族感到我们是他们的代言人。觉得在联合国大厦中,只有中国人去了,公道话才有人讲。

1972年1月,美国总统国家安全事务副助理黑格率先遣组来华。6日晚，总理会见他。在实质性问题上总理寸步不让，指出你怎么说都不能自圆其说。从这件事看，总理是怎样维护民族尊严的，很感人。有的人要么就骂人，毫无意义；要么就迁就，不在乎。特别是开始同美国重要人物接触时，要不卑不亢，特别是不卑。总理在处理时的确捍卫了党和国家的尊严。中美刚接触，在原则问题上寸步不让，其他问题上又要照顾大局，不能乱斗一通。

补充一点：还有一些属于行政事务性的事，也是原则问题。如黑格来，说要带一百多个记者来，尼克松非常重视，要把消息以最快速度播送到美国国内，特别是电视，有个卫星转播和地面接收站。这些我们都没有，美国可以借。这件事总理立刻拒绝了，说你们可以卖给我，你们用，用完是我的。我花钱买了，你们可以用我的东西，将每天的新闻送到美国去。这是原则问题。哪怕后勤问题，也可以是原则问题，决不贪图小便宜，要保卫国家的尊严。

1972—1974年尼克松访华和《中美联合公报》

时间：1981年11月11日
地点：北京史家胡同51号

说说总理1972年至1974年这段时间内的重要活动。

这三年中主要的活动是对美的来往。先扼要地讲一下1972年尼克松访华问题。1972年2月21日到28日一个星期。这以前的事，上次已经谈过：基辛格来过两次，在1971年的7月、10月；1972年1月黑格来了，有意思的花絮，如记者用的电话站等上次说了。

当时有个难题：尼克松是美国元首，到中国来访问，礼宾上也煞费苦心，欢迎是什么分寸？群众也不大理解：同美国斗了那么久，它同台湾有外交关系。所以最后只能是有礼貌的、严峻的接待方式（指机场上），没有群众场面和检阅仪仗队，去的人十几二十人。

飞机一停，尼克松一个人走下来，别人没有跟下来。原因是尼克松要还这个债：杜勒斯当年在日内瓦拒绝和周总理握手。这次要在镜头上只有尼克松和周总理两个人，所以礼宾人员把机舱门关了，夫人也没下来，表明他有一定诚意。这时，毛主席身体不好，很可能不能见。这是九一三事件后几个月，主席是1971年10月发的病，对主席健康冲击很大。尼克松他们一下飞机，主席只能选一个时间会见。他毅力大极了，病重，硬撑起来了，险得很。我们很担心他起不来。尼克松一到宾馆，寒暄了一下，主席方面来电话，确定会见了。总理松了口气，也捏把汗：能否坚持下来？但主席仍谈笑风生，发音仍很清楚。尼克松很有气魄。他先声明：我这次来是为了美国的利益。其实下一句是"彼此都有一定利益，才能相遇"。主席谈的是哲学问题，大的问题。美国人作了些解释，不一定可靠，因为不大了解主席的谈话风格，很谈谐。剩下参观、访问、会谈等,没有什么特别值得叙述的。

稍微值得说的,是对美方的接待安排,因为他们内部矛盾剧烈。尼克松对华接近的方针正受到国务院许多人掣肘,他完全依靠基辛格办事。许多事他们不通过国务卿罗杰斯,所以一开始为了基辛格来两次,他公开地坦白地同总理讲了,问总理能否想法使国务卿也有些事做,不参加会谈。跟主席会见也没有他,罗杰斯非常不高兴。主席见了面后,分头会谈和参观。罗杰斯同姬鹏飞谈中美关系。总理同尼克松谈,基辛格参加。另一摊起草公报,基辛格和我谈。他有点不自在。按理讲,和总理会谈,双方外长要参加,或者都不参加,现在总有些别扭。所以,三个头互不相关,只有基辛格既知道同总理谈的,又掌握公报起草的讨论情况,罗杰斯都蒙在鼓里。总理见到这情况,感到关系太僵。尼克松在主楼,罗杰斯住在隔壁的楼,好像隔绝了。为了补救三个头互不见面、罗杰斯既没有参加同主席会谈也没有参加同总理会谈这种状况，总理觉得不太好。

所以，26日（星期六）上午，按日程从北京飞杭州。早晨到机场，在没有上机前开了个全体会议，报告一下各对口谈判的情况，是总理想出来的，但会上没有多少话讲。办事的人忘了通知。机场上仪仗队不知道总理有开全体会议这个想法，在严寒下立正等了四十五分钟。总理找了些话题，对美国记者发了些新闻。在十三陵时看到小孩穿着少数民族服装。美国记者说谈话后发现是故意安排的，尼克松说记者胡说，总理说这是对的。总理非常严肃，用心思的，随时在想这样安排合适不合适。许多同志往往或过于紧张，或掉以轻心，都不那么好。

离开北京时，公报会谈已结束，每天谈。一些曲折不说了，太啰唆。只讲一件事，起草中美《上海公报》的困难在什么地方？本来双方声明自己的观点，"各说各的"，这不难。但到台湾问题仍如此的话，对美国的态度我们就得争论。他有他过去一套说法，我们一定不能不说话。基辛格1971年10月来，没有达成协议。这次谈了一个星期,主要问题也在此。最后达成协议,退一小步。几乎每句话都有很大的争论,双方请示了各自的首长,基本上定了。上飞机时美方正在打字,到机场还没有打出,罗杰斯下机时没有拿到公报。到杭州已经中午,参观,走走。晚上吃饭时,基辛格忽然说还要谈,说我们那边造反了,罗杰斯这批人看了,要国务院的人召集起来提意见,提了十几二十条。基辛格说,很抱歉,这是我们方面的事,最后几分钟提出这些。而我们是不出所料,又有点儿火。你是代表美国谈,总统同意了,又要谈?他们从大到小,共有二十条意见。吃了饭,我和基辛格谈了一轮。我说要请示。基辛格说:这是我们不对,我们造成的,但希望考虑到我们的困难,希望你们照顾。如能接受,我们很高兴;如果不能,我们克服困难。这很合情合理,外交上也少见的。我说:我也困难,昨天说了,中央政治局批准了。我在杭州。我第一不同意改,第二,政治局批准的怎么改?其实,那些官僚们提的,有的也是无所谓的,有的是根本不能接受的。总理考虑了一下,关于台湾这条不能再改了,其他的能接受几条就几条,不能接受的就按原来的。深夜在杭州饭店客厅又谈。基辛格听到还可以改动,高兴得不得了。台湾问题谈了几个月,再重谈,宁可不要公报。我们可以接受尼克松访华没有公报,但这不一定对大家有利。基辛格表示台湾问题保持原来的,其他几点逐点讨论,有的接受,有的拒绝,技术上、文字上的意见也有好的。最后在离开杭州时,又达成最后协议。这件事,基辛格在回忆录上写了:中国人的灵活性,既坚持原则,又高度灵活,照顾别人的困难,又不损害自己的利益,这是周恩来的杰作。这种艺术,表明总理原则的坚定性、战略战术的灵活性。基辛格去苏联访问,几次举这个例子:中国人好办,讲道理,不是僵硬的。

中美公报现在来看有很大的特点,最重要的,就是它是中美双方打开关系的文件,不是建立外交关系的文件。它没有任务要解决台湾问题,它标志着中美关系的新阶段,也标志着整个世界形势的变化:大动荡、大分化、大改组。最重要的一句话是：把反对霸权主义放到应有地位。表示中美双方在西太平洋地区不搞霸权主义，也反对任何旁人搞霸权主义。文字逻辑、道理很清楚，这样的写法是第一次，苏美争霸早就说了。

到上海没有什么事，总理很周到，罗杰斯地位高，单独安排了一层。国务院和白宫是两个：国务院是政府机构，白宫是总统府。罗杰斯觉得受到冷落，上飞机前，总理特别抽时间去看望他，谈一谈。这都是总理对外宾、对外交斗争中一种很用心的地方，一般人不会这样想。上海的宴会很热情，尼克松高兴了。一方面当时形势造成尼克松来，但没有这人这样硬的性格，这事也办不成。原来的想法，在他第一任打开往来之门，第二任建立外交关系，有几年过渡。但到1975年"水门事件"，是他第一任的最后一年。下一任上台的是福特，不可能再将这路往下走。福特下台，上台的是卡特，要拖时间，过了三年（到1979年）才建交，还拖了一条尾巴，就是售卖武器的问题。

这里有个英雄和时势的问题。肯尼迪、约翰逊这两任总统,在越南打得头破血流。这对美国国内影响之大超过朝鲜战争,美国还可以打,但人民情绪已受不了。当时尼克松要与中国和好,一方面,除了在世界范围内应付苏联的压力,一方面在远东想赶快结束越南战争。这是两大动力,推动他干这件事。但如果没有这个人物,这个倔强好胜的性格(人家说他虚荣),这事儿也不好办。

我和基辛格来往很多,1972年起几乎每年见两次。当面印象还不是太深,但看了他的回忆录,他在资产阶级政治家中还是很有眼光,也很有些个性的。当时议论,这是个什么人?当然是谋士。如何评价?应该说还是一个有见解、有才能、相当细致、干劲也大(穿梭外交没有精力也不好办)的人,他正在精力旺盛的年纪。美国战后的国务卿我都见过,或多或少都有过来往,最多的是基辛格。从杜勒斯起,那是1950年冬朝鲜战争时,中央派伍修权同志和我去联合国控诉美国,有这机会就同美国这些政府人物有了接触。在这次会上见了杜勒斯。当时他还不是国务卿,后来很快成为国务卿。杜勒斯反华最凶,推行什么"战争边缘政策"。从杜勒斯起,直到基辛格,对各人的看法不一样。杜勒斯在日内瓦会议时的确代表美国在第二次世界大战后那股自命不凡的味道。基辛格是世界形势发生大的变化、美国不能为所欲为时出现的。作为个人,他可以说是美国战后国务卿中比较杰出的、有能力的,也有一定的见解。

1972年,尼克松来华后,发表中美《上海公报》,在世界上讲是大事。首先受到震动的是日本,它很快就跟上来了。这年7月,田中角荣当了首相。因为基辛格来华接触,事先没有同任何人打招呼。等到基辛格1971年7月来华后,7月15日到华盛顿发布新闻,说尼克松决定访问中国,造成日本人所谓的"尼克松冲击"。美国既然打开了同中国的关系,日本自然振振有词了。他们的外交在战后虽然程度不同,基本上是跟着美国走的。毫不奇怪,中美打开了关系,中日很快就实现建交。不是没有斗争,没有曲折,日本内部也很复杂。但总的是水到渠成。这年9月,田中角荣访华。总理和他签署联合声明,宣布两国建立外交关系。新中国对外的新格局形成了。

至于同美国关系的进一步发展,1973年2月,基辛格第五次访华,达成协议。双方在对方首都建立联络处,实际上享有一切外交特权,这在美国暂时还没有同台湾断交前是所能做到的最大限度。黄镇是中国第一任驻美联络处主任,对方的驻华联络处主任是布鲁斯。

总理是1972年5月确诊患膀胱癌的,但包括田中角荣来华、中日建交等各项工作,总理仍事无巨细,日夜操劳,每天工作10小时以上,甚至20小时。1974年3月起,病情迅速恶化。4月,小平同志到联合国大会开会,5月回来,总理才进医院,已经晚了。但从1974年5月到1975年9月,总理还会见了不少外宾,以后就不能再见外宾了。

1972年8月1日,总理接见回国大使谈话时说:

"要会抓时机。不会抓时机,就要错过机会。要懂得战略部署,必须懂得这一点。"这指乒乓外交。"大家都要学会抓时机,要认识事物的必然和偶然,不要错过时机。怎样才能抓到时机呢?事先要把形势估计好,要学习,要提高理论水平。这就是学习世界知识、主席的指示、党的方针政策。这样,我们在事物的运动中就会发现哪些是主要的,哪些是次要的。时局的转变,常常要在把事物抓对以后才能看出来。"

再谈总理和建国初的外交工作

时间：1981年11月25日
地点：北京史家胡同51号

再说说建国初期的外交工作，总理在其中的地位和作用。

1949年前，没有办过外交。对外关系怎么办？当时采取的方针，最近胡耀邦主席也讲了，独立自主是什么意思？当时参加工作的人的体会是：需要学习西方和东方的好处，又不能硬搬东方、西方的做法，要根据中国自己的具体情况，搞出一套自己外交的队伍、机构、方针政策。

摆在眼前的，西方外交有几百年了（英、美、法）。就拿苏联来讲，从十月革命到1949年，也有32年，也有经验了。西方总的说，美国叫国务院，英国叫外交部，差不多。苏联开始叫外交人民委员会，那时当然主要是学习苏联，"以俄为师"，但不是每个细节都学它的，同时也有国内本身的连续性问题，不能把历史上的不分青红皂白都一脚踢开。解放初新政协开会，总理讲了这一点：我们什么都没有，只有对外活动的经验，没有正规外交的经验。中共重庆办事处，因为（重庆）1938年后是战时临时首都，代表中国共产党进行对外接触。以后延安也有些同志去搞外事工作，此外没有别的经验。

当时摆在我们面前比较大的问题是：解放时有大量的相当数量的国民党外交人员留下，大量过去的老外交家还在国内，怎么办？这些人有经验，懂外交，有些人还身强力壮，很能干的。随着我们解放，国民党驻外使馆也很有些人起义回来。外交队伍怎么搞？毛主席、周总理、中央，他们下了决心，觉得外交说到底，还是阶级斗争的工具，当然政治决定一切，不能你熟悉外交工作，有这方面经验就用。以一句话概括组织外交队伍的方针——"另起炉灶"，就是用我们自己的人搞外交。另一方面，对老的外交人员根据情况适当加以使用，但一般不纳入正式的外交人员。开始时很严格的，不是党员不行，不能参加。那时和现在不一样：整个西南、广州还没有解放，一大片，解放战争还没有完全结束。理论上说应该采取这样的方针，实际情况也非如此不可。

当时的外交队伍怎么组成？是两部分人：一部分重要的是从部队干部中选出来的，老战士；另一部分是在延安外事处、重庆外事处的这部分干部，如王炳南（重庆外事处的）、柯柏年（延安的）。将军当大使，大部分都是如此，如倪志亮（驻朝鲜大使）、袁仲贤（驻印度大使）、姬鹏飞、黄镇、耿飚等，非常多的。总理挑选重要干部，往往对一个个重要负责干部的选择，他自己都要考虑很久，才在一定范围内提出来，征求意见，酝酿成熟了还要看。大使、副部长都是总理亲自掌握，司局长也是如此。一个人的工作的安排，往往前后几年的都有。有的调上来觉得不错，试一试不行，只好撤下来。你是代表国家，代表党的。总之,用经过考验的地方干部、军队干部充当骨干。

外交部和其他部不同些,干部按级别讲压得低。1949年时总理当部长,副部长张闻天是七大的政治局委员,还有王稼祥、李克农,四个人。这说明中央当时对外交工作抓得很紧。"外交工作授权有限",这话是陈老总总结出来的,总理经常说的也是这话。这么多将军当大使,这么多负责同志当副部长,没出大问题。这是授权有限,也是纪律问题。

这个外交队伍三十多年了,当时的年轻人现在也六十多岁了。由于我们具体工作做得不够,对干部的培养、业务培养抓得不紧,过细地了解、业务熟悉、外语精通的领导干部(大使、司长)很少。这也是走偏锋,事情都是好几面的,弄得现在外交干部提倡要外语化、年轻化、专业化是必然的。但我个人看也不能走另一个极端:把政治忘记了。当然,不能否认几十年做具体工作的这么多干部,这支外交队伍的发展是跳跃式的,因为外交部是中央、总理直接抓的,这支队伍总的讲是很好的、很强的、正派的、经过考验的队伍。这是一个问题。

另一个问题：建国初期的工作。"打扫干净屋子再请客"，这话有特别的含义，不只是把国内准备好再请客人来。我们本来是半殖民地国家。解放时除蒋宋孔陈外，还有一大批企业、房地产，最富的是外国人的。俄国十月革命初期没有这种情况。沙俄不是半殖民地国家，是落后的帝国主义国家。所以，打扫房屋，一面要把社会渣滓肃反搞清，另一面要把外国人在中国的资财，根据不同的对象，逐步地、有步骤地对它清理。这工作不要小看，当时上海名为中国，财产相当大部分是外国人的。所以上海外事处、天津外事处，主要工作对象是搞这个。上海第一，天津第二。武汉、沈阳都有，不如这两处多。这是半殖民地中国必然会有的现象。我们一点没有拖泥带水。美国人做了一件"好事"：不久，他发动了朝鲜战争，占了台湾，便于我们放手采取政策，将美国资产能清理的都清理掉。对新解放的国家来说，这经验是很宝贵的。

第三件事：对旧中国所承担的国际义务，采取逐个审查、分别对待。非洲等国家独立时，往往说过去的国际义务一律不动。我们既不是一律不动，也不是全部取消。后者是列宁的政策。这时，它是帝国主义国家。我们采取有的废除，有的重订，有的承认。明显的不平等条约坚决废除；有些条约是混合的，有合理的，也有欺负人的，有的要修改，有的你不能改。一般说，不能改的如边界条约，这要非常慎重，不能我上台就不承认，那要天下大乱的。中央后来研究时很慎重，否则就乱了套了。所以总的方针是一般的要重新认可，不合理的加以修改，大概左邻右舍都如此。朝鲜基本上是旧约，稍加修改。日本没有这问题。越南基本上差不多。老挝没问题。那边缅甸有问题，历史上有问题，基本同意，部分调整。印度打了一仗，巴基斯坦重新谈判。中苏尽管是不平等条约，但时间已久，老百姓长期居此，极少数极不合理的稍加调整，但它还挑衅，它是有意挑起的。蒙古也解决了。边界外交史上这样的还不多，这是很好的，符合鸦片战争以来中国所处的实际地位。

我讲的这些方针，都是总理同我们谈的。我想重要的都在中央谈过的。大政方针，我想都是这样，的确授权有限。当时我的感觉，中央民主气氛很浓厚，主席这时也找些人谈谈。

这一年多，实际上是1949年10月到1950年5月，只有半年时间。朝鲜打仗了，志愿军进去。到1953年7月签订停战协定。这个期间，我们的建交国家很少，不到二十个。主要的大事是两件：一件是同苏联签订友好同盟互助条约，一件是同美国打。这叫联苏反美。

中苏条约，我没有参加。毛主席1949年12月自己去的，为斯大林祝寿。第二年1月同苏联谈好了，然后总理去。内容大家都很清楚。重要的是中东路、旅大、三亿美元借款。借款利息是一百元一年算一分（里根上台，拼命提高借款利息，搞得西德、欧洲哇哇叫）。总理作报告，这是主席主持的，讲到苏联帮助是无私援助。像我那样书生气重的人很多，说：

"什么无私援助，利息就是剥削。"总理说：你这是书呆子，当时国际市场上五分利是很普遍的。回头看看这条约，如果总起一句话：当时中东路、旅大的处理，表明斯大林对我们相当不放心。这是我个人意见。日本已经打得跪在地上求饶，它现在有什么大动作，不可能。什么事总有连续性。为什么赫鲁晓夫上台后开始很好，后来提出要搞长波电台、联合舰队？还是对中国不放心。主席也讲过，实际上一直怀疑我们是民族共产主义。大概那个条约的规定有这个感触。那个时期有点道听途说：高岗在东北，苏联想利用他，听说他没有向中央报告。我听总理讲过，主席也讲过，实际上斯大林一直怀疑我们是民族共产主义，直到志愿军派出后才解除疑虑。1949年，毛主席住在苏联宾馆很久，斯大林没有见他，一般讲对中国领导人不应该这样。当时的关系不那么融洽，相当疙瘩，当时闷在心里，后来一点点讲了。德热拉斯也说斯大林那次对毛泽东相当冷淡。当然这话也难以百分之百地相信。当时讲"牢不可破"，实际上相当疙瘩。中苏条约比国民党时多了"互助"二字。当时外交同苏联的来往是主要的，其他都是比较小的国家：东欧国家、南亚中立国、北欧中立国。外交部很空闲，大使请吃饭可以聊上七八个小时。

下面说说感想。最近有些小朋友来聊天："一边倒"这口号对不对？我想政策是根据情况定的。当时的情况：国内没有收拾干净，西方干扰很大，美国在耍花招，西方国家也不可能帮我们。这种情况下不"一边倒"，向"西边倒"，是不是过分了？要动员群众就得要旗帜鲜明，就得要把社会主义在群众心目中树立起来。这事，章伯钧、罗隆基是不满意的：你太靠一边。当时情势下，提出这口号，国际国内都是必要的。美国那么敌视你，西方国家都敌视你，中立国家也不敢放心。尼赫鲁当时同我们还是友好的，但说朝鲜战争不停，不能到你们国家去访问，为什么？怕美国。

另一个，最重要的是打仗。有人问：是否可以不打？我比较保守，可能我干这一行，了解多一些。

当时，同美国较量一次，不在朝鲜，就在别处，避免不了。你不打，他要找机会整你的。抗美援朝，实质上等于俄国十月革命后十四国干涉苏俄战争，你逃不了的。你不出兵，它也会过江侵占你东北。它搞了多次，才甘心承认我们的存在。二十多年打了两次大仗，朝鲜、越南，才最后认输。基辛格来，说明它打不动了。肯尼迪公开讲：打越南，是因为中国人发动的。这当然是胡说。有些人受极左思潮束缚，许多问题不敢认真想。放开想想是好的，但不能离开当时的具体历史背景，那样对前人也不会做出恰当评价。

总理在建国初期，事情很忙，但仍以相当大分量的时间来管外事。那时，外交部在外交部街，原来华北人民政府的房子，历史上是清朝的总理各国事务衙门。总理每周至少来两次，多则三到四次（邢台地震时发现房子太老，怕伤了外宾，就迁到六国饭店文化情报所）。他到外交部来开会讨论问题，草创时期组班子，筹建，订制度。

总理的作风一：

（一）我总觉得他眼中好像级别问题作用很小。他讨论问题，没想你是什么长，想到的是你同这事有关。他来办公室都挤满人，谈某一事，从上到下，科员和使馆来的工勤人员都会请到。往往问题是底下提出来的。总理来了，常批评我们："好像我来只能见司长。"这我印象很深，这种作风别的领导同志也有，但是他那样坚持不懈。做工作之难，还是个实事求是，真正把问题搞清楚。我们的错误，十之八九在于事情没搞清楚就乱下决心。

（二）总理绝不是以人取言。不管谁，讲得有道理，都会得到他的重视。他表扬一般工作人员，包括司机，公务员最多。在他身上，真正是五四运动的民主精神、平等精神发扬得最充分。他听不同意见，有反潮流精神。主席到重庆，在蒋介石请主席吃饭那天，一个同志坐总理的车被打死了——李少石。事情是，重庆办事处在市内，楼上是戴笠的。柳亚子是主席的朋友，主席来了，柳经常到办事处来。这一天，柳亚子要进城,整个曾家岩只有一部车,总理的,因为他是政治部副部长,他素日就常派车去接柳亚子到办事处来。毛主席因蒋介石请吃饭,徐冰说谁送一下,李少石说我送,就开这车走了。他长得和总理差不多。送主席后,又原车回去,途中被打死了,司机逃了。主席还在吃饭,人们普遍认为是谋害总理,是国民党有意暗杀。他们正在吃饭,不好惊动了解。一般都认为如此,是蒋介石动手了,义愤填膺。只有一个小孩子刚参加工作不久,叫张小娃的说,我有一点不清楚:为什么我们的司机后来跑掉了?总理说:这有道理。别人说这小孩警惕不高。他又说:我们四川常有开车很快,不小心把国民党军队撞了,叫停不停,就举枪打的。是否是这个缘故?总理说:这有点道理,研究一下。总理到医院,第一句话:"少石同志,你是替我死的。"痛哭,马上找蒋介石。蒋介石当然不会承认,说可以帮助。这件事也促使主席早走。章行老(章士钊)说:"三十六计,走为上计。"主席就回去了,调查继续进行。过了一个多月,司机找到了，讲出是这么回事：山路很窄，前面是国民党军队，他开得较快，撞了伤兵，叫停不停，国民党士兵就从后面开枪打。通常这种事，特别是涉及谋杀，一般人很不易冷静。总认为不可能，后来想尽办法找司机，查清不是这么回事儿。一般地说，总理也不是没有想错的时候，但只要谁有道理，他就接受或修改。

"文化大革命"中，驻德使馆自己开车太快，翻了车。报回来，极左分子说是谋害。总理找去，问这事，说你有证据吗？拿证据来。他总是广泛听取意见，尊重正确意见。所以，他开会长，确实有时他太周到。但他开会之所以长，根本一条是把问题搞清楚了，这很不容易的。他这一生，不顾自己的一切而为党工作。他往往是到早上才睡的，我们有时打瞌睡。

（三）总理见外宾，不是如多数同志那样，只输出，讲自己准备好的；而是要输入，而且向对方了解得很细致。他对世界的了解，一部分从书本上来，一部分从同外宾接触中来。这种谈话就生动活泼，可以交流了。尤其是非洲搞革命的,觉得总理尊重他们,觉得他们有什么问题都可以同总理谈。总理不厌其详,把我们的经验告诉他们。这要大为提倡,不要只是《人民日报》那一套口径。人家都钦佩总理知识的渊博。这是他的特点,有来有往,使人感到亲切,把我们的经验告诉人家,也从人家那里学到东西。他说,我出访是寻求友谊,寻求知识。这不是空话。

(四)对待干部严,同时也非常厚道。要求很严,批评也严,但从没有听说过他整人。相反,对使用干部,经常说这同志有什么好处,但批评也严。没有受到过批评的,在外交工作中还没有见到过。我们这样的干部,错误很多,总理很严,从不放过,但对待干部从根本上看,还是很厚道。1971年,对东巴基斯坦问题,对叶海亚·汗,我不了解,在国内也没有通报过,在联合国会议上我还硬顶。总理说,你怎么胡闹。但对整个工作还是支持的。

1954年、1955年,主要是日内瓦会议和万隆会议。1955年,进一步打开。朝鲜战争时(1950年至

1953年）对外活动没有多少。1956年，这是外交上第一次大发展。从这时起，1956年到1966年是积累式的，没有大起大落，已建交国家不到五十个，非洲国家居多。第二次大发展是1972年以后。

另起炉灶——不管过去关系如何，一般都用谈判建交的办法。当时有两个政权，台湾还在。对外建交必须谈判，不是如过去的办法，这是谁主外交的重要方面。跟着英国最久的是荷兰，亦步亦趋。法国先建交，戴高乐不错的。

《周恩来外交文选》选载

新中国的外交[*]

(1949年11月8日)

关于外交工作,特别是同帝国主义斗争,我们不能说没有一点经验。抗战以来十多年,我们当然是有些对外斗争经验的,但是经过整理,使它科学化系统化而成为一门学问,那还没有开始。我们虽然可以翻译几本兄弟国家如苏联的外交学,或者翻译一套资产阶级国家的外交学,但前者只能作为借鉴,而后者从马克思列宁主义的观点来看,是不科学的。唯有经过按照马克思列宁主义观点整理的,才算是科学。从前者我们可以采用一部分,从后者我们只能取得一些技

---

[*] 这是在外交部成立大会上的讲话节录。

术上的参考。我们应当把外交学中国化，但是现在还做不到。

我们现在的外交任务，是分成两方面的。一方面，是同苏联和人民民主国家建立兄弟的友谊。我们在斗争营垒上属于一个体系，目标是一致的，都为持久和平、人民民主和社会主义的前途而奋斗。另一方面，是反对帝国主义。帝国主义是敌视我们的，我们同样也要敌视帝国主义，反对帝国主义。

今天整个世界还有阶级存在，国内还有阶级存在。国家机器在今天还必须重用，这就是阶级斗争所表现出来的一种形式。国家机器就是阶级斗争的武器。单一民族或是多民族的国家里，总有一个阶级掌握领导权。我们是解放了的工人阶级，现在联合其他阶级来掌握国家这个机器，对内统治反动派，统治过去压迫和剥削我们的阶级，反对地主压迫农民，反对官僚资本主义，也反对资产阶级压迫工人；对外联合各兄弟国家，联合各国被压迫的人民，反对敌视我们的国家。所以国家机器在现在这个时代是最重要的武器。

国家这个统治武器,最主要的是军队和监狱。这些东西表面上看来同外交并无多大关系,实际上却是外交的后盾。军队是保卫我们的,要有备,才能无患。今天国内战争尚未结束,还需要军队,全国解放了,军队经过整编,还得作为捍卫国家的力量。在没有发生战争和破坏的时候,对内对外都要进行保卫国家利益的工作,对内就不说了,对外而言,外交就成了第一线工作。

外交工作有两方面:一面是联合,一面是斗争。我们同兄弟之邦并不是没有差别。换言之,对兄弟国家战略上是要联合,但战术上不能没有批评。对帝国主义国家战略上是反对的,但战术上有时在个别问题上是可以联合的。我们应当认识清楚,否则就会敌我不分。

今天开辟外交战线,首先要认清敌友。先说对帝国主义,刘少奇同志在苏联十月革命三十二周年庆祝大会上的讲话中,曾引用毛主席一九四七年在黄河以西打游击时说过的话：我们对帝国主义在全盘战略上应该藐视它，但在具体战斗的战术上应该重视它。这两句话是非常合乎科学的。我们无产阶级对帝国主义应当藐视。帝国主义国家在第一次世界大战时被打倒了三个，在第二次世界大战时又被打倒了三个，削弱了两个，使美帝国主义陷于孤立，而社会主义的苏联却壮大起来，在东欧也出现了各人民民主国家。事实说明了真理，从两个世界对照来看，难道我们还不能肯定说帝国主义终将死亡吗？读一读列宁的《帝国主义是资本主义的最高阶段》，他在三十多年前已指出帝国主义是垂死的资本主义。这三四十年来，就看到了这种情势，帝国主义正在走向死亡。美国表面上强大，实际上是纸老虎，不可避免地要发生经济危机。第二次世界大战中，美国在物质上的损失是不大的，但战后在政治上的损失非常之大。一九四六年起，美国在中国人民中的威信很快地衰落下去了。美国这样一个帝国主义国家，战后不到四五年，在国际上的威信就很快地降低了，所以我们说它是纸老虎，我们有理由藐视它。

拿五四运动到现在的三十年同鸦片战争到五四运动的七十九年相比是短的。再拿日本投降以后的四年同前两段时间来比更是短的。这说明我们的革命越接近胜利,就发展得越快。从十九世纪四十年代马克思主义的产生到二十世纪初,经过六十年产生了列宁主义。从二十世纪初到一九一七年,仅十几年的功夫,列宁主义在苏联就胜利了。在苏联社会主义革命胜利后三十二年,中国革命就胜利了。历史就是这样前进的。从"五四"到现在三十年来,我们的星星之火已经成了燎原之势,烧遍了全中国。认识这一点,我们就有理由看到全世界帝国主义正在走向死亡,这是战略的一方面。

不过从战术上来讲,我们要促使帝国主义死亡,就不能轻视它。我们在外交工作上对帝国主义既要藐视,又要重视,这是辩证的。在战略上要藐视,在战术上要重视。对具体斗争我们必须用心组织,好好地进行。这同打仗一样,我们稍不经心,就会打败仗。二十二年前,毛主席、朱总司令在井冈山建军的时候,就有胜利的信心,但是要达到使敌人死亡的目的,是要经过迂回曲折的道路的。这条路并不简单,外交斗争也是一样。帝国主义有病,它是想尽方法要活的,因为其体内尚有未衰的因素,有新生的血球存在,它必定要挣扎。所以,我们在同帝国主义进行斗争时,必须要留意,要仔细,但也不要怕它,否则就会处于被动,它就处处威胁你。中国的反动分子在外交上一贯是神经衰弱怕帝国主义的。清朝的西太后,北洋政府的袁世凯,国民党的蒋介石,哪一个不是跪倒在地上办外交呢?中国一百年来的外交史是一部屈辱的外交史。我们不学他们。我们不要被动、怯懦,而要认清帝国主义的本质,要有独立的精神,要争取主动,没有畏惧,要有信心。所以,凡是没有承认我们的国家,我们一概不承认它们的大使馆、领事馆和外交官的地位,只把它们的外交官当作外侨来看待,享受法律的保护。他们犯了法,我们一样照法办事。它们对我们没有办法。

我们对每一个战斗、每一件事情，都要重视，都要有信心，不要怕，但也不要盲目冲动，否则就会产生盲目排外的情绪。义和团的民族热情是可贵的，然而它的领导者造成了盲目排外情绪则是错误的。我们要善于掌握这种情绪。外交不能乱搞，不能冲动。遇事要仔细想，分析研究，看是属于哪一类性质，其后果如何，分析好的一方面，同时也要分析坏的一方面。要培养思考的能力，头脑不但要记忆，并且要想。必须要多思考、多分析研究，并且要多看书、多实践，才能善于斗争。外交工作比其他工作是困难的。做群众工作犯了错误，群众还可以原谅，外交工作则不同，被人家抓住弱点，便要被打回来。军队在平时要演习打靶、假想作战，外交工作也一样，要假想一些问题。不要冒昧，不要轻敌，不要趾高气扬，不要无纪律乱出马，否则就要打败仗。尤其是我们的年轻同志，往往最容易轻视敌人。我们打硬仗，必须要仔细，不要害怕。工作是做出来的，经验是积累而成的，必须磨炼自己。对外必须要一致，一切事情在一定组织范围内都可提出来讨论。想问题，提意见，纠正工作上的缺点，这样才可以不断进步，才能打胜仗。过去我们可以说是打游击战的，只接触过一些外国记者和马歇尔等，不是全面的战斗。现在我们是代表国家，一切都要正规化，堂堂正正地打正规战，我们更应该加倍谨慎。

另外，联合一方面，到现在已经有九个国家承认我们，加上阿尔巴尼亚，共有十个国家。除此而外，资本主义国家也许要来承认我们。加上印尼、越南等，便要有十几个国家了。就兄弟国家来说，我们是联合的，战略是一致的，大家都要走社会主义的道路。但国与国之间在政治上不能没有差别，在民族、宗教、语言、风俗习惯上是有所不同的。所以，要是认为同这些国家之间毫无问题，那就是盲目的乐观。乐观是应当的，但对这些国家也要注意联合中的某些技术问题。"人心不同，各如其面"，人和人之间尚有不同，何况国家、民族呢？我们应当通过相互接触，把彼此思想沟通。这个联合工作是不容易的，做得不好，就会引起误会。误会是思想上没有沟通的结果。我们应当研究如何改善关系，不要因为是兄弟国家，就随随便便。

我们要藐视帝国主义，但不轻视具体斗争；要联合兄弟朋友，但不要马虎。一种是联合，一种是斗争，这两种都通过外交形式出现。外交是代表国家的工作，我们大家要在具体工作中，加强团结，才能把外交工作搞好。在开辟战场之初，应当在工作中锻炼培养，要求每一个同志一切从学习出发，不要骄傲，不要急躁，不要气馁。毛主席在党的第七次代表大会后一再告诉我们，要戒骄戒躁，谦虚谨慎，这对我们是很重要的。同时还要有纪律，外交同军事一样，外交不过是"文打"而已。我们说一句话，做一件事，都可能影响战斗，必须要有严格的纪律。一切都要事先请示、商讨，批准后再做，做完后要报告，这一点很重要。

美军如越过三八线,我们要管*

(1950年10月3日)

周恩来总理(以下简称周):前天收到大使先生转来尼赫鲁总理的来函,谢谢。尼赫鲁总理所提的问题,范围很广,因此需要一些时间来研究。我们感谢他的好意,对于他的努力表示赞赏。尼赫鲁总理所提的问题中,有一个是比较紧急的,那就是朝鲜问题。美国军队正企图越过三八线,扩大战争。美国军队果真如此做的话,我们不能坐视不顾,我们要管。请将此点报告贵国政府总理。

潘尼迦大使(以下简称潘):我曾经预料到这种

---

* 这是周总理同印度驻华大使潘尼迦的谈话。

局势，因此于九月二十六日致电我国政府，报告：如果美军越过三八线，其后果将非意料所及。尼赫鲁总理于是致函阁下。据我所知，他还以公函分致英美政府，提出警告。我国驻联合国代表团团长劳氏把阁下十月一日报告中有关朝鲜的一段，在记者招待会、安理会以及联合国大会上宣读了。我国政府正在尽其所能，继续施加压力。

周：关于朝鲜事件，我们曾经交换过意见。我们主张和平解决，使朝鲜事件地方化。我们至今仍主张如此。我在十月一日的报告中也声明了我国政府的态度，我们要和平，我们要在和平中建设。过去一年中，我们在这方面已经作了极大的努力。美国政府是靠不住的。尽管在三外长会议中有了协议，不经联合国同意，不得越过三八线，但是美国政府不一定受其约束。

潘：有些迹象已经表明，美国政府有背弃三外长会议协议的可能，麦克阿瑟对美国政府的压力很大。昨日有消息报告，南朝鲜军队已经越过三八线九英里。

周：我们也看到了同样的消息，据说是在东海岸。另一个消息说，沃克将军指挥的部队已经越过三八线，但是并未说明是南朝鲜军队还是美军。

潘：我当即刻报告尼赫鲁总理。除了以上阁下所述，是否还有其他需要我报告的？是否有任何建议？

周：其他一切，容我们研究尼赫鲁总理来函之后，于下次会面时再告。

潘：阁下所称朝鲜事件应该地方化，是否指朝鲜战事应该限于三八线以南？或是指朝鲜战事应该即刻停止？

周：朝鲜战事应该即刻停止，外国军队应该撤退，这对于东方的和平是有利的。朝鲜事件地方化的意见，就是不使美军的侵略行动扩大成为世界性的事件。

潘：朝鲜事件地方化在目前包含两个问题：第一，美军即将越过三八线，因此，朝鲜事件地方化，可能是指所有已经越过三八线的美军必须即刻撤回。

第二，朝鲜事件必须和平解决，有关各国，如中国、苏联必须参与讨论此事。为了使我向尼赫鲁总理作报告时较为明确起见，任何可能被中国所接纳的建议究竟应包括哪种含义？

周：这是两个问题。第一，美军企图越过三八线，以扩大战争，我们要管，这是美国政府造成的严重情况。第二，我们主张朝鲜事件应该和平解决，不但朝鲜战事必须即刻停止，侵朝军队必须撤退，而且有关国家必须在联合国内会商和平解决的办法。

潘：我必须郑重说明时间之短促。美军可能在十二小时之内越过三八线，而印度政府接到我的电报并采取有效行动，需要在十八小时之后。届时，任何和平方案可能为时已晚。

周：那是美国人的事情。今晚谈话目的是奉告我们对尼赫鲁总理来函中所提的一个问题的态度。

和平共处五项原则[*]

（1953年12月31日）

中印两国的谈判在今天，十二月的最后一天，开始了。我们说过要在一九五三年开始这一谈判，现在实现了。

我们相信，中印两国的关系会一天一天地好起来。某些成熟的、悬而未决的问题一定会顺利地解决

---

[*] 中国政府代表团和印度政府代表团就中印两国在中国西藏地方的关系问题，于1953年12月31日至1954年4月29日在北京举行了谈判。这是周恩来在谈判开始时同印度政府代表团谈话的一部分。这五项原则后来正式写入双方达成的《关于中国西藏地方和印度之间的通商和交通协定》的序言中。1954年6月下旬，周恩来访问了印度、缅甸。在中印、中缅两个联合声明中，中印、中缅共同倡导了和平共处五项原则。

的。新中国成立后就确立了处理中印两国关系的原则，那就是互相尊重领土主权、互不侵犯、互不干涉内政、平等互惠和和平共处的原则。

两个大国之间，特别是像中印这样两个接壤的大国之间，一定会有某些问题。只要根据这些原则，任何业已成熟的悬而未决的问题都可以拿出来谈。

在亚非会议全体会议上的补充发言

（1955年4月19日）

主席、各位代表：

我的主要发言现在印发给大家了。在听到了许多代表团团长的一些发言之后，我愿补充说几句话。

中国代表团是来求团结而不是来吵架的。我们共产党人从不讳言我们相信共产主义和认为社会主义制度是好的。但是，在这个会议上用不着来宣传个人的思想意识和各国的政治制度，虽然这种不同在我们中间显然是存在的。

中国代表团是来求同而不是来立异的。在我们中间有无求同的基础呢？有的。那就是亚非绝大多数国家和人民自近代以来都曾经受过，并且现在仍在受着殖民主义所造成的灾难和痛苦。这是我们大家都承认的。从解除殖民主义痛苦和灾难中找共同基础，我们就很容易互相了解和尊重、互相同情和支持，而不是互相疑虑和恐惧、互相排斥和对立。这就是为什么我们同意五国总理茂物会议所宣布的关于亚非会议的四项目的，而不另提建议。

本来，对于美国一手造成的台湾地区的紧张局势，我们很可以在这里提出如同苏联所提出的召开国际会议谋求解决的议案，请求会议加以讨论。中国人民解放自己领土台湾和沿海岛屿的要求是正义的，这完全是内政和行使自己的主权，并得到许多国家的支持。我们也很可以提议会议讨论承认和恢复中华人民共和国在联合国的合法地位问题。去年，科伦坡五国总理会议，还有亚非其他国家，都曾经支持中华人民共和国在联合国的地位。而且，中国在联合国所受的不公正待遇，也可以在这里提出批评。但是，我们并没有这样做。因为这样一来，就很容易使我们的会议陷入对这些问题的争论而得不到解决。

我们的会议应该求同而存异。同时，会议应将这些共同愿望和要求肯定下来。这是我们中间的主要问题。我们并不要求各人放弃自己的见解，因为这是实际存在的反映。但是不应该使它妨碍我们在主要问题上达成共同的协议。我们还应在共同的基础上来互相了解和重视彼此的不同见解。

现在，我首先谈不同的思想意识和社会制度问题。我们应该承认，在亚非国家中是存在有不同的思想意识和社会制度的，但这并不妨碍我们求同和团结。第二次大战后，亚非两洲兴起了许多独立国家，一类是共产党领导的国家，一类是民族主义者领导的国家。前一类国家并不多。但是某些人所不喜欢的，就是六万万中国人民选择了中国共产党领导的、属于社会主义体系的政治制度，而不再为帝国主义所统治了。后一类国家很多，像印度、缅甸、印度尼西亚和亚非许多国家都是。我们这两类国家都是从殖民主义的统治下独立起来的，并且还在继续为完全独立而奋斗。我们有什么理由不可以互相了解和尊重、互相同情和支持呢？五项原则完全可以成为在我们中间建立友好合作和亲善睦邻关系的基础。我们亚非国家，中国也在内，不论在经济上或文化上都很落后。我们亚非会议既然不要排斥任何人，为什么我们自己反倒不能互相了解、不能友好合作呢？

次之，我要谈有无宗教信仰自由的问题。宗教信仰自由是近代国家所共同承认的原则。我们共产党人是无神论者，但是我们尊重有宗教信仰的人。我们希望有宗教信仰的人也应该尊重无宗教信仰的人。中国是有宗教信仰自由的国家，它不仅有七百万共产党员，并且还有以千万计的回教徒和佛教徒，以百万计的基督教徒和天主教徒。中国代表团中就有虔诚的伊斯兰教的阿訇。这些情况并不妨碍中国内部的团结，为什么在亚非国家的大家庭中不能将有宗教信仰的和没有宗教信仰的人团结在一起呢？挑起宗教纷争的时代应该过去了，因为从挑起那种纷争中得到利益的并不是我们中间的人。

第三，我要谈所谓颠覆活动的问题。中国人民为反对殖民主义所进行的斗争超过一百年。中国共产党领导的民族、民主的革命斗争也经历了近三十年的艰难困苦的过程,才终于达到了成功。中国人民在帝国主义、封建主义和蒋介石统治下所受的苦难是数也数不尽的,最后才选择了这个国家制度和现在的政府。中国革命是依靠中国人民的努力取得胜利的,决不是从外输入的,这一点连不喜欢中国革命胜利的人也不能否认。中国古话说:"己所不欲,勿施于人。"我们反对外来干涉,为什么我们会去干涉别人的内政呢?有人说,中国在国外有一千多万华侨,可能利用他们的双重国籍来进行颠覆活动。但是,华侨的双重国籍问题是旧中国遗留下来的,蒋介石至今还在利用极少数的华侨进行对所在国的破坏活动。新中国的人民政府却准备与有关各国政府解决华侨的双重国籍问题。又有人说,在中国境内有傣族自治区威胁了别人。中国境内有几十种少数民族共四千多万人,其中傣族和相同系统的壮族将近千万人。他们既然存在,我们就必须给他们自治权利。好像缅甸有掸族自治邦一样,在中国境内各个少数民族都有他们的自治区。中国少数民族在中国境内实行自治权利,如何能说威胁邻邦呢?我们现在准备在坚守五项原则的基础上与亚非各国,乃至世界各国,首先是我们的邻邦,建立正常关系。现在的问题不是我们去颠覆别人的政府,倒是有人在中国的周围建立进行颠覆中国政府的据点。比如在缅甸边境就存在着蒋介石集团的残余武装分子,对中缅两国进行破坏。因为中缅友好,我们一直尊重缅甸的主权,信任缅甸政府去解决这个问题。

中国人民选择和拥护自己的政府,中国有宗教信仰自由,中国决无颠覆邻邦政府的意图。相反的,中国正在受着美国政府公言不讳地进行颠覆活动的害处。大家如果不信,可亲自或派人到中国去看。我们是容许不知真相的人怀疑的。中国俗语说:"百闻不如一见。"我们欢迎所有到会的各国代表到中国去参观,你们什么时候去都可以。我们没有竹幕,倒是别人要在我们之间施放烟幕。

十六万万亚非人民期待着我们的会议成功。全世界愿意和平的国家和人民期待着我们的会议能为扩大和平区域和建立集体和平有所贡献。让我们亚非国家团结起来,为亚非会议的成功努力吧!

关于中国对美国政策的四句话*

（1966年4月10日）

（一）中国不会主动挑起对美国的战争。中国没有派兵去夏威夷，是美国侵占了中国领土台湾省。尽管这样，中国仍然努力通过谈判要求美国从台湾省和台湾海峡地区撤走它的一切武装力量，并且已经先后在日内瓦和华沙同美国就这个绝不能让步的原则问题

---

* 1965年春以后，美国约翰逊政府逐步扩大侵越战争，公然宣布把中国当作主要敌人，声称"存在着同中国发生战争的危险"，阴谋在亚洲发动一场更大规模的、世界性的战争。针对这种情况，1965年4月周恩来请巴基斯坦总统阿尤布·汗向约翰逊转告中国对美国的政策。1966年4月10日他同巴基斯坦《黎明报》记者伊查兹·侯赛因谈话时，重申了这个政策，并说明这几句话是不能割裂的整体。同年5月10日在《人民日报》公布。

谈了十多年。这就是一个很好的证明。

（二）中国人说话是算数的。那就是，如果亚洲、非洲或世界上任何国家遭到以美国为首的帝国主义的侵略，中国政府和中国人民是一定要给以支持和援助的。如果由于这种正义行动引起美国侵犯中国，我们将毫不犹豫地奋起抵抗，战斗到底。

（三）中国是做了准备的。如果美国把战争强加于中国，不论它来多少人，用什么武器，包括核子武器在内，可以肯定地说，它将进得来，出不去。既然一千四百万越南南方人民对付得了二十几万美军，那么六亿五千万中国人民也肯定对付得了一千万美军。美国侵略者不管来多少，必将被消灭在中国。

（四）战争打起来，就没有界限。美国有些军事家想依靠海空优势轰炸中国，而不打地面战争。这是一厢情愿。战争既然以空战或海战开始，那么，战争如何继续进行，就由不得美国一方作主了。你能从空中来，难道我们不能从陆上去吗？因此，我们说，战争一旦打起来，就再没有什么界限。

跋 一个不完整的注释

乔宗淮

1981年,中央文献研究室(周恩来组)为编写周恩来传,多次采访了我的父亲乔冠华。41年后,原中央文献研究室常务副主任金冲及同志整理了他当年手记的原始记录,整理出《乔冠华谈周恩来和新中国外交》一书。如今金老已九十多岁,仍然精神矍铄,他老人家不辞辛劳逐字逐句校核当年的笔记,整理出乔冠华回忆周总理的访谈记录,其精神令人钦佩。

敬爱的周恩来总理是中国共产党第一代领导人,在漫长的中国革命和建设历程中,他的贡献是巨大的、全方位的,受到全党和全国人民的爱戴。特别是周恩来总理作为新中国外交的奠基人,开拓了新中国独立自主和平外交的事业，他是新中国在国际舞台上的杰出代表，享誉世界。

乔冠华很幸运，能够长期在周恩来总理领导下工作，成为周恩来总理的外交助手。父亲告诉我，1942年他奉党组织之命从华南地区转移到重庆，第一次见到了他仰慕已久的周总理。当年周总理接见他的情景，让他终生难忘。在重庆，父亲担任《新华日报》编辑，负责国际问题评论。同时，周总理安排他参加南方局外事组的工作，联络在重庆的国际人士，以此扩大国际统一战线，从此进入了外事工作领域。

抗战胜利后，1946年国共谈判期间，中共内部在南京成立了中共中央南京局，内设外事工作委员会，周总理担任主任，乔冠华负责下设的研究处。不久国共谈判破裂，乔冠华被派往香港筹建新华社香港分社，担任香港工委常委、外事委员会书记。1949年乔冠华接任中共香港工委书记。父亲常提起临行时，周总理还在上海一家风味小店为去香港的同志送行。据有关资料显示，乔冠华在香港凡重要事情都向周总理请示报告，比如有关策动两航、湖南、新疆等起义的工作。

新中国成立后，周总理兼任外交部长，并亲自担任外交部政策委员会主任，任命乔冠华为副主任。1950年6月朝鲜战争爆发，1951年7月停战谈判开始。在毛主席的领导下，周总理亲自指挥朝鲜停战谈判工作。两年多的时间里，周总理办公桌上一部专线电话（全程线路由部队警戒保卫）直通朝鲜开城李克农、乔冠华的办公室（一线双机）。周总理事无巨细，通过电话随时听取汇报、发出指示。

1954年，乔冠华从朝鲜回国后随周总理出席日内瓦会议。休会期间，周总理在乔冠华的陪同下访问了印度、缅甸。正是在日内瓦会议与万隆会议间的这段时期，新中国倡导的"和平共处五项原则"，得到了国际社会特别是亚非国家普遍欢迎，成为新中国外交政策的重要组成部分。乔冠华在本书访谈中介绍了"和平共处五项原则"形成的经过：周总理如何提出"五项原则"的构想，在过程中又如何发扬民主充分听取同志们的意见进行集思广益,从而为这段历史提供了佐证。

从1954年日内瓦会议到1966年6月,周总理访问罗马尼亚、阿尔巴尼亚,乔冠华陪同了周总理此段时期的大部分正式出国访问活动。作为周总理的外交助手,乔冠华参与了新中国初期许多重要外交事件,在实践中学习到毛主席、周总理的外交思想、风格、工作方法,逐步成长、成熟,先后担任了外交部部长助理、副部长、部长。

新中国外交在"文革"时期是一个重要又特殊的时期。"文革"之初,外交工作受到了极左思潮的严重冲击,周总理力挽狂澜,使新中国的外交工作在正确轨道上运行。"文革"中,周总理想方设法保护受到打击的干部,为"靠边站"的干部创造恢复工作的条件。1969年年初,在周总理的关心下,乔冠华恢复了正常工作。同年3月中苏在珍宝岛发生武装冲突。9月,乔冠华等人陪同周恩来总理在北京首都机场同苏联部长会议主席柯西金会晤,双方决定恢复边界谈判,中央任命乔冠华为中方代表团团长。这是1966年"文革"开始以来,中国采取的最重要的外交行动之一。此时陈毅元帅已离开外交工作,许多事情周总理都亲自过问。看到周总理不辞辛劳、日理万机,父亲感慨地说:"总理对国家太重要了,我们要尽力为他分忧。"

1971年,中美关系正常化进程开启,新中国外交进入重大调整期,乔冠华投入对美外交工作中。1972年2月,尼克松访问中国期间,在周总理指导下,同美方基辛格共同起草了中美《上海公报》。在此次中美外交谈判过程中的关键时刻,乔冠华都向周总理汇报请示。在错综复杂的外交博弈中,他深切地体会到周总理是原则的坚定性与策略的灵活性相结合的楷模。

纵观父亲的一生,他的革命历程、他的事业是同周总理教导、关心和爱护分不开的。1976年年底父亲离开工作岗位后,他一直打算把亲身经历的新中国外交波澜壮阔的过程写下来。1982年12月,他已罹患肺癌,且是晚期。1983年9月,他刚刚着手撰写回忆录,就与世长辞。因此,本书成为乔冠华留下的唯一外交工作回忆。

这里需要说明的是,当年采访乔冠华的时候,对他的审查还没有结案,因此他不能调阅有关文件、电报,只能凭记忆来谈;再加上他当时有一段时期与外界隔离,他在采访中的表述已不似以前那样流畅了。这不能不说是个遗憾。

最后,我要再次感谢金老为我们留下这份宝贵的记录,使我们能够通过具体事例了解到周总理的外交工作遗产,以便我们以史为鉴,面向未来。

整理后记

乔冠华同志长期在周恩来同志直接领导下从事外交工作。关于周恩来和新中国外交这篇讲话是他四十多年前分七次谈的。谈话时间是1981年6月3日至是年11月25日。我作了详细的记录。

那时,他的健康情况已不很好。他说:"现在没有可能翻看一些必要的文件档案,甚至公开材料,只能凭记忆……说一说,带有印象派的。"但他曾长期追随在周恩来同志身边,是新中国外交工作的重要参与者,从而有着丰富敏锐的识见,并有着处理剧烈变动中的复杂国际问题的广阔视野和实践经验。能够具有这样条件的新中国外交工作者,应该说是不多的。

因此，他凭"记忆"所说的"印象"，往往能够提纲挈领、脉络清晰地表达出当时历史事件发展的要点和背景，有助于读者对事件有生动而深刻的理解，也有助于读者从中学习老一辈革命家的高度智慧和风范。

当时，一般还没有使用录音设备。我只是出于记录任务，但由于当年的习惯和训练作了记录，自信绝大部分能准确地记录下来。但四十多年过去，原来的记录比较潦草而且模糊。我已九十多岁了，如果现在不把这些讲话整理出来，将会从此流失，那就太可惜了。

乔冠华同志在讲话中说当时没有可能翻看一些必要的文件档案甚至公开材料，只拿着一页简单的提纲来讲。因此，本书特从中华人民共和国外交部和中共中央文献研究室所编的《周恩来外交文选》中选载了五则简短的讲话作为本书的附录，以供读者理解和研究。

乔冠华同志的长子、外交部原副部长乔宗淮同志为本书写了跋文。这也是很有意义的。

金冲及

2022年1月

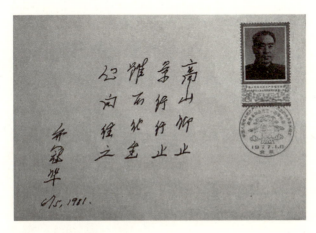

1981年乔冠华手写的名信片